本书受河北经贸大学学术著作出版基金、河北经贸大学科研基金项目（2022QN02）、河北省社会科学基金项目（HB22GL068）资助

Research on the Effect of
Science and Technology Policy Mix on
Enterprise Innovation Performance

科技政策组合
对企业创新绩效的影响研究

豆士婷 ◎ 著

中国社会科学出版社

图书在版编目(CIP)数据

科技政策组合对企业创新绩效的影响研究/豆士婷著. ——北京：中国社会科学出版社，2023.5
ISBN 978-7-5227-2027-2

Ⅰ.①科… Ⅱ.①豆… Ⅲ.①科技政策—影响—企业创新—研究—中国 Ⅳ.①F279.23

中国国家版本馆 CIP 数据核字(2023)第 106354 号

出 版 人	赵剑英
责任编辑	李斯佳
责任校对	周 昊
责任印制	戴 宽

出 版	中国社会科学出版社
社 址	北京鼓楼西大街甲 158 号
邮 编	100720
网 址	http://www.csspw.cn
发行部	010-84083685
门市部	010-84029450
经 销	新华书店及其他书店
印 刷	北京君升印刷有限公司
装 订	廊坊市广阳区广增装订厂
版 次	2023 年 5 月第 1 版
印 次	2023 年 5 月第 1 次印刷
开 本	710×1000 1/16
印 张	14.25
插 页	2
字 数	195 千字
定 价	79.00 元

凡购买中国社会科学出版社图书，如有质量问题请与本社营销中心联系调换
电话：010-84083683
版权所有 侵权必究

前　言

在创新驱动发展战略背景下，中国的研究与试验发展经费投入增长迅速，2019年，中国研发经费投入22143.6亿元，研发经费投入强度为2.23%，已经达到中等发达国家水平。作为经济发展的"新引擎"，创新驱动在经济发展中的作用日益突出。同时还需认识到，目前一些产业的关键技术、关键部件和材料仍垄断在国外"隐形冠军"企业手中，自主知识产权少、核心技术受制于人、发明专利少等问题严重制约产业发展，阻碍国际化进程，中国的自主创新道路仍然任重道远。

作为技术创新的主体，企业的创新活动影响着国家的创新发展。然而，在企业创新活动中，市场这只"看不见的手"并不是万能的，市场机制时有失灵，新产品及服务等很可能被模仿者以较低的成本，通过模仿、复制将同类产品投放市场，影响企业的预期收益，导致企业创新的动力不足。因此，需要政府通过一系列政策措施对企业创新予以支持，以其"有形的手"提高企业的创新动力，获得经济的长期发展。

事实上，当前各国政府都在努力构建与完善自己的创新体系，作为世界上最大新兴经济体，中国也充分重视技术创新在推动经济发展中的作用，为企业创新构建了一套较为完善的政策支持体系和激励机制，包括直接补贴、税收优惠、知识产权保护、政府采购等，以期通过科技政策及其组合激励企业创新发展。而实践中，政府部门对政策出台的影响把握不准、政策效用缺乏协调机制、执行偏离、强监管政策效应叠加等原因，导致政策在实施过程中出现背离初衷、相互割裂，甚至反向牵制的现象，致使科技政策组合的实施达不到预期效果。这就要求政策制定者将科技政策协调起来，在政策层面产生良好的组合效应。而如何处理创新进程中科技政策间的组合问题，已经成为政策制定过程中面临的重要挑战。

基于上述现实背景，学术领域开始考察科技政策与企业创新绩效的关系，取得了一定的进展，但也存在不足：首先，相关研究焦点主要集中于政府补贴等单一政策对企业创新"激励"或是"挤出"效应的评价上，然而政府支持的形式多样，仅分析单一政策对企业创新的影响将导致结果有偏，因此，相关研究应考虑政策之间的相互作用，关注多项科技政策组合。其次，科技政策对创新绩效影响的研究，大多以专利申请数量、研发投入等数量指标来衡量，而政策的实施效果不仅要强调创新数量的增加，更要注重质量的提升，任何单一角度的研究都只评价了科技政策的部分效果，缺乏政策评估的科学性。最后，依据组织边界及知识来源，企业研发模式包括自主研发、合作研发等形式，但鲜有文献研究科技政策组合对不同模式研发投入的影响以及不同模式研发投入在科技政策组合与创新绩效关系中的作用。因此，科技政策组合对企业创新绩效的影响还需要更为深入、透彻的研究。

基于此，本书以政府补贴、税收优惠、政府采购政策为研究对象，将科技政策划分为政府补贴、税收优惠、政府采购、政府补贴—税收优惠、政府补贴—政府采购、税收优惠—政府采购、政府补贴—税收优惠—政府采购七种政策组合形式，从创新数量、创新质量双维视角出发，研究科技政策组合对创新绩效的影响。具体内容如下：

第一，构建了科技政策组合—研发投入—创新绩效的理论分析框架。基于资源基础观、信号理论、复杂适应系统理论，科技政策组合会刺激企业做出增加研发投入，进而提高创新绩效的反应，奠定了本书研究的理论基础。第二，科技政策组合与创新绩效。基于已有研究及我国现实发展情况，将科技政策划分为七种组合形式，运用倾向得分匹配方法，从创新数量、创新质量两个维度分析科技政策组合对创新绩效的影响，并进一步研究不同企业规模、市场竞争、经济波动背景下科技政策组合对创新绩效的影响差异。第三，科技政策组合与研发投入。根据组织边界以及知识来源将研发分为自主研发和合作研发，实证分析七项科技政策组合对不同模式研发投入的影响，并进一步分析不同企业规模、市场竞争、经济波动背景下科技政策组合对不同模式研发投入的影响差异。第四，科技政策组合、研发投入与创新绩效。进一步研究不同模式研发投入在科技政策组合与创新绩效关系中的作用。

本书的贡献主要如下：

第一，基于科技政策组合视角，以政府补贴、税收优惠、政府采购为对象，将科技政策划分为七种政策组合形式，将创新绩效分为创新数量、创新质量两个维度研究其对创新绩效的影响，结果发现科技政策组合均有利于创新数量与创新质量的提高，不同的政策组合形式实施效果并不完全一致。在特定情境下，科技政策组合反而不如单一形式政策能够发挥激励效应，丰富和拓展了科技政策与创新绩效的相关研究。

第二，基于复杂适应系统理论的刺激—反应模型，构建了科技政策组合—研发投入—创新绩效的研究框架，认为科技政策以组合形式刺激企业的创新行为，激励企业增加自主研发与合作研发投入，进而提高创新数量与质量，并通过实证分析方法验证了该框架，丰富和完善了该理论在科技政策与创新关系中的应用，拓展了该理论的应用。

第三，丰富和深化了科技政策推动企业技术创新的机制研究。

部分研究提出科技政策促使企业增加研发投入，进而推动企业提高创新绩效，但并未区分研发模式。本书将研发投入分为自主研发投入与合作研发投入，实证分析科技政策组合对不同模式研发投入的影响以及不同模式研发投入在科技政策组合与创新绩效中的作用，丰富和完善了科技政策支持企业技术创新的机制研究。此外，本书从微观企业规模、中观市场竞争、宏观经济波动视角研究科技政策组合对创新绩效的影响差异，一定程度上拓展了相关研究。

第四，考虑政府支持企业技术创新研究中的内生性问题，以倾向得分匹配方法进行实证分析，并利用工具变量、替代变量、时间敏感性测试等方法进行稳健性检验，增加了本书研究的稳健性，得到了更易被信服的结论。

目 录

第一章 绪论 …………………………………………… （1）
  第一节 研究背景与问题的提出 ……………………… （1）
  第二节 研究意义 ……………………………………… （10）
  第三节 研究内容与框架 ……………………………… （12）
  第四节 研究思路与方法 ……………………………… （15）
  第五节 创新点 ………………………………………… （18）

第二章 文献综述 ……………………………………… （20）
  第一节 概念界定 ……………………………………… （20）
  第二节 科技政策支持动因及分类 …………………… （28）
  第三节 创新绩效的影响因素及评价方法 …………… （39）
  第四节 科技政策组合与创新绩效 …………………… （43）
  第五节 科技政策组合、研发投入与创新绩效 ……… （55）
  第六节 文献述评 ……………………………………… （58）

第三章 理论基础与分析框架的构建 ………………… （61）
  第一节 理论基础 ……………………………………… （61）
  第二节 理论分析框架的构建 ………………………… （75）

第四章 科技政策组合与创新绩效 …………………… （80）
  第一节 引言 …………………………………………… （80）

第二节　理论分析与研究假设 ………………………………（81）
　　第三节　研究设计 ……………………………………………（86）
　　第四节　实证结果 ……………………………………………（92）
　　第五节　科技政策组合对创新绩效影响的差异分析………（109）
　　第六节　研究结论 ……………………………………………（119）

第五章　科技政策组合与研发投入………………………………（122）
　　第一节　引言……………………………………………………（122）
　　第二节　理论分析与研究假设…………………………………（123）
　　第三节　研究设计………………………………………………（128）
　　第四节　实证结果………………………………………………（131）
　　第五节　科技政策组合对研发投入影响的差异分析…………（138）
　　第六节　研究结论………………………………………………（147）

第六章　科技政策组合、研发投入与创新绩效 ………………（151）
　　第一节　引言……………………………………………………（151）
　　第二节　理论分析与研究假设…………………………………（152）
　　第三节　研究设计………………………………………………（157）
　　第四节　实证结果………………………………………………（161）
　　第五节　稳健性检验……………………………………………（176）
　　第六节　研究结论………………………………………………（184）

第七章　结论及建议………………………………………………（185）
　　第一节　研究结论………………………………………………（185）
　　第二节　政策建议………………………………………………（188）
　　第三节　研究局限与展望………………………………………（192）

参考文献……………………………………………………………（194）
后记…………………………………………………………………（220）

第一章 绪论

第一节 研究背景与问题的提出

一 研究背景

(一) 创新驱动发展战略下，中国的自主创新道路仍任重道远

当前，中国经济发展进入新常态，在经济增长速度换档期、结构调整阵痛期以及前期刺激政策的消化期，传统的"三驾马车"（投资、出口、消费）对经济发展的推动作用逐渐减弱。再加上国际竞争日趋激烈、新冠疫情冲击，各国纷纷提出要重塑相对独立经济体，逆全球化浪潮似要席卷而来。中国的经济发展面临着国内外要素资源供给约束以及国际竞争的多重压力，形成以国内大循环为主体、国内国际双循环相互促进的新发展格局已经成为推动我国经济向更高层次发展的重大战略部署。在此背景下，推动创新驱动发展，加强关键核心技术攻关，深化科技体制改革，以技术创新来全面推动社会生产力以及综合国力的提升，已经成为中国推动经济发展的重要举措。

在创新驱动发展战略指引下，中国的自主创新发展迅速。中国的研究与试验发展（R&D）经费投入增长迅速，经费投入强度也逐年增长（见图1-1）。2019年，中国R&D经费投入22143.6亿元，经费投入强度为2.23%①,已经达到中等发达国家水平。经济增长的科技含量不断提升,科技进步贡献率达到59.5%。世界知识产权组织评估表明,我国的创新指数在世界上排名第十四位,创新型国家建设取得了新的进展,国家整体创新能力大大提高。作为经济发展的新引擎,创新在实现新旧动能转换、产业转型升级以及"两化"融合、跨界发展中的作用日益突出。

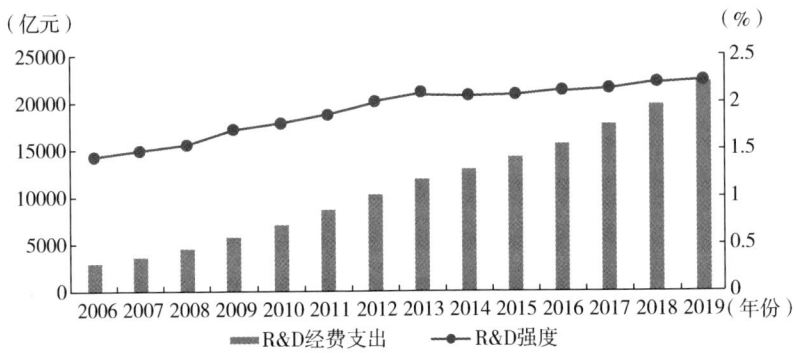

图1-1 2006—2019年中国R&D经费投入及经费投入强度

资料来源:国家统计局。

我国技术创新快速发展的同时,还需认识到与发达国家的发展差距。从专利申请数量来看(见图1-2),各类专利申请数量逐年递增,但发明专利申请数量远低于实用新型专利、外观设计专利申请数量,2019年中国实用新型专利申请数量、外观设计专利申请数量分别占53.87%、29.64%,而创新难度更大、技术含量更高、更能代表创新实力的发明专利申请数量仅占16.49%②,远低于美国、德国等发达国家,说明在我国创新发展进程中,创新数量增加迅速,但创新的结构仍有待完善,实质性的技术突破亟须发展。

---

① 资料来源于国家统计局。
② 根据国家统计局官方网站数据计算而得。

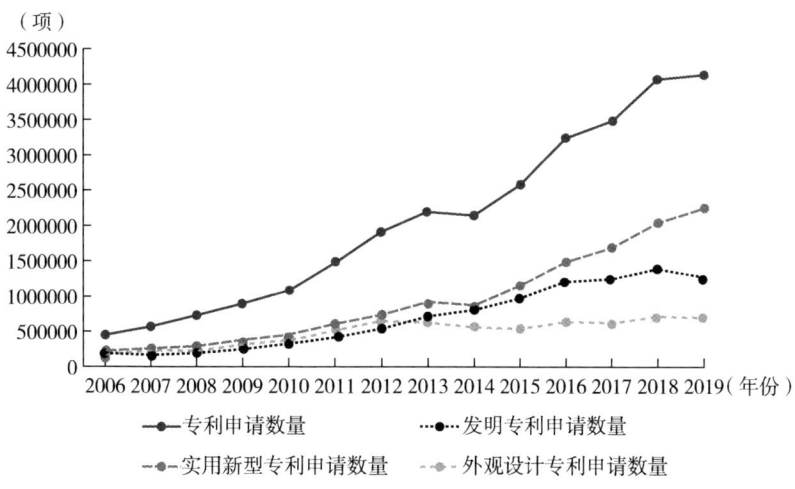

图 1-2　2006—2019 年中国专利申请数量

资料来源：国家统计局。

在与发达国家的比较中，从 R&D 经费投入强度来看，2018 年中国 R&D 经费投入强度为 2.19%，而日本的 R&D 经费投入强度为 3.28%，德国为 3.13%，美国为 2.83%，即我国研发经费投入强度与部分发达国家尚有较大差距（如表 1-1）。从 R&D 经费投入的资金构成来看，我国企业资金占 76.63%，比德国、美国以及 OECD 平均水平都高；政府资金占 20.22%，比德国、美国及 OECD 水平都低；高校和研究机构资金、国外资金占比也比美国等发达国家低，说明我国的研发经费构成，主要依靠企业资金，而政府资金、高校和研究机构资金以及国外资金投入均有待提升。

此外，中美贸易摩擦等事件的发生更使国人清醒地意识到，一些产业的关键技术、一些产品的关键部件和材料仍然垄断在国外"隐形冠军"企业手中。自主知识产权少、核心技术受制于人，大多企业仍处于价值链末端等，严重制约产业发展，阻碍国际化进程。

因此，中国的自主创新道路仍然任重道远。

表1-1　　　　　　　　2018年R&D经费投入国际比较

单位：%

	研发经费投入强度	企业资金占比	政府资金占比	高校和研究机构资金占比	国外资金占比
日本	3.28	79.06	14.56	5.77	0.61
德国	3.13	66.01	27.85	0.35	5.80
美国	2.83	62.37	22.96	7.36	7.30
英国	1.73	54.80	25.94	5.59	13.67
加拿大	1.56	41.12	33.10	16.46	9.33
意大利	1.43	54.59	32.74	2.14	10.53
OECD平均	2.38	62.52	24.92	5.24	7.32
中国	2.19	76.63	20.22	2.79	0.36

资料来源：经济合作发展组织官方网站，http://www.oecd.org/。

（二）企业创新需要政府科技政策支持

作为技术创新的主体，企业的技术创新活动影响着国家的创新发展。然而，在企业技术创新活动中，市场机制时有失灵，新产品及服务等很可能被模仿者以较低的成本，通过模仿、复制将同类产品投放市场，影响企业的预期收益（Hall，2002），导致企业技术创新的动力不足。此外，技术创新具有高风险、高成本及收益不确定性，而企业与外部投资者之间的信息不对称会影响外部投资者的投资决策，使企业陷入融资困境，导致企业技术创新资金不足，影响企业创新行为（Chen等，2018）。因此，需要政府通过一系列的政策措施对企业创新予以支持，使其获得经济的长期发展。

事实上，世界各国政府都在努力构建、完善自己的创新体系，部分企业或产业在政策的支持下已经取得良好的成效，早期如日本、韩国的汽车及电子工业，近年如中国的高铁产业等。如表1-1所示，日本、德国、美国等发达国家的政府资金在R&D经费投入中均占有一定的比例。同时，发展中国家也正在加大国家的支持力度，促进企业创新发展（Wang等，2017）。作为世界上最大新兴经济体的中国，充分重视技术创新在推动经济发展中的作用，先后出台了一系列的指导方针和具体政策，全面支持企业技术创新的发展。2006年，国务院发布了《国家中长期科学和技术发展规划纲要（2006—2020年）》，为我国科技发展起到指引作用；同年，国务院又发布了《国家创新驱动发展战略纲要》等重要政策；2017年，习近平总书记在党的十九大报告中指出，要加强对中小企业创新的支持，促进科技成果转化等。一系列科技政策为企业创新构建了一套较为完善的政策支持体系和激励机制，主要包括：为企业创新提供的补贴政策，税收优惠政策，以政府采购支持企业创新，建立各种创新基金，出台金融政策、人才优惠政策，等等。

政府补贴是政府对企业创新直接予以资金支持的行为，包括财政拨款、财政贴息、无偿划拨非货币性资产、专利申请资助经费、科技创新支持基金、技术改造专项基金等。改革开放以来，我国政府对技术创新的重视程度逐渐提高，1978年，由科技部颁布了《1978—1985年全国科学技术发展规划纲要》，规定由国家对资金要求较高、尚处于研发初期的项目给予补贴；2005年，科技部又颁布了《科技型中小企业技术创新基金财务管理暂行办法》，规定对科技型中小企业提供无偿资助；2018年，科技部、全国工商联颁布了《关于推动民营企业创新发展的指导意见》，指出相关部门要以社会资本和政府合作、项目资助、后补助等形式支持企业创新发展。中国政府对企业创新的支持力度不断加大，支持范围不断拓展。如图1-3所示，企业研发经费投入的构成中，政府资金总额逐年增长，截至2019年，我国R&D经费投入中的政府资金达到4537.3亿元，占比已经达到20.49%，远高于世界同期水平。

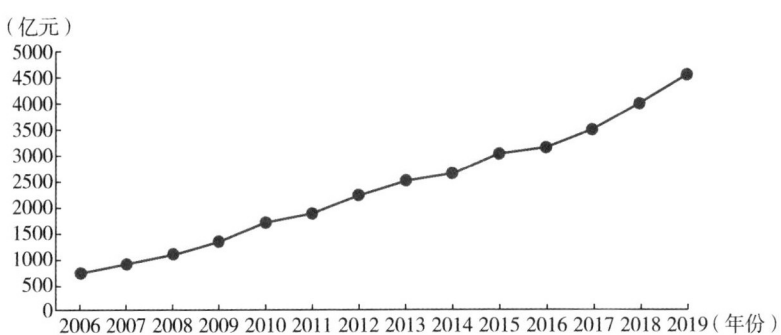

图 1-3　2007—2018 年中国 R&D 经费投入中的政府资金

数据来源：相关年份《中国统计年鉴》。

税收优惠是通过减轻企业的纳税负担或延迟纳税时间而给予企业政策支持，主要作用于创新过程中的技术研发、成果转化、产品生产、销售等环节。自1981年财政部颁布并实施《关于对新产品实行减税免税照顾问题的通知》起，我国开始运用税收优惠政策来引导企业创新的发展，包括直接优惠（免征、减征、优惠税率等）以及间接优惠（研发费用加计扣除、固定资产加速折旧、投资抵免、先征后退/即征即退、延期纳税等），涵盖流转税类（增值税、营业税、关税、消费税等）、所得税类（企业所得税、个人所得税等）以及行为税类（印花税）等多个税种。具体内容主要包括以下四个方面：一是将不同的税收优惠政策实施到企业技术创新的全过程，比如企业研发阶段、成果转化阶段等采取针对性的政策措施；二是以税收抵扣政策贯穿企业技术创新的全过程，比如职工的科技、文化、教育培训等经费允许在所得税前按一定比例扣除；三是准许企业当年技术研发经费以150%的比例对企业所得税进行抵扣，不足抵扣的还可以在五年内结转抵扣；四是企业的仪器、设备等允许以固定资产加速折旧、缩短折旧年限的方式减免企业所得税总额。税收优惠的政策措施较多，覆盖范围较广，在税收优惠政策引导下，提高了企业管理效率，优化了企业内部管理结构，减轻了企业税收负担。根据国家税务总局公布的数据，在研发费用加计扣除等政策的作用下，2020年我国重点税源企业的研发支出同比增长13.1%，在33万家享受该项政策的企业中，高技术服务和设备的购买总额同比增长15.8%。即在税收优惠政策的指导下，企业创新取得了良好的发展。

中国对于政府采购激励创新的认识是一个从无到有、逐渐加深的过程。我国自1995年开始启动政府采购试点工作，并从2000年起在全国范围内全面展开。2003年，《中华人民共和国政府采购法》规定政府采购应该对"保护环境、扶持不发达地区和少数民族地区、促进中小企业发展"等发挥积极作用，为企业以公开竞争得到政府采购，从而扩大新产品或服务的市场应用提供了机会。2006年，中国政府确立了建设创新型国家的战略目标，并在《国家中长期科学和技术发展规划纲要（2006—2020年）》以及《实施〈国家中长期科学和技术发展规划纲要（2006—2020年）〉的若干配套政策》中正式提出要将政府采购政策作为一种激励企业自主创新的重要工具。自此，政府采购的政策功能逐渐受到重视，并且作为一种激励企业创新的政策工具开始发挥重要作用。如图1-4所示，中国政府采购规模逐年增长，2019年已

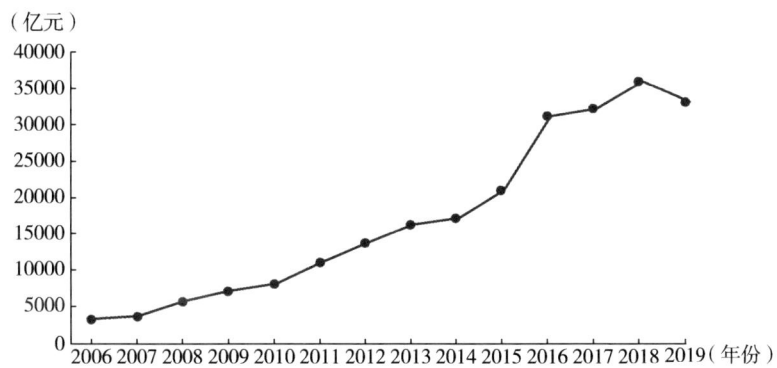

图1-4　中国政府采购规模

资料来源：根据《中国政府采购年鉴》以及财政部网站整理。

经达到 33067 亿元，政府采购在经济发展和创新推进中的作用日益突出。

（三）科技政策支持企业创新的研究需要深入探索组合效应

在日益完善的政策支持体系下，政策系统越来越复杂，不同政策之间的相互作用逐渐增多，并且政策最终以组合或者协同的方式存在。根据中关村园区企业统计数据显示，2018年中关村的21923家企业中，5.6%的企业获得政府补贴，其中，同时获得税收优惠和政府补贴的企业占46.0%，可见在科技政策支持企业创新过程中，一部分企业可以同时获得多项政策支持。因此，如果不控制其他的政策工具，仅对单一的政策效果进行估计，难以控制政策之间的混杂因素，即难以保证所得结果中未掺杂其他政策的作用，导致科技政策的实施效果很可能被高估，使结果有偏。因此，科技政策实施效果的相关研究应考虑政策之间的相互作用，并关注多项政策组合（Guerzoni 和 Raiteri，2015；Dumont，2017）。

单一形式的科技政策在激励企业创新的过程中具有时效性以及差异性，科技政策相互作用，即政策工具的组合运用会呈现更高的效率（张永安等，2016），这也是政府制定一系列科技政策支持企业创新发展的初衷。但事实上政府部门对政策出台的影响把握不准、政策效用缺乏协调机制、执行偏离、强监管政策效应叠加等原因，使政策在实施过程中出现背离初衷、形成割裂，甚至反向牵制的现象，导致科技政策组合并不能达到预期效果，甚至产生替代效应（Fernández-Sastre，2019）。此外，科技政策支持过程中的"寻租""骗补"现象屡屡发生。即科技政策组合可能会导致政策产生负向作用，致使科技政策实施效果与目标相背离，这就要求政策制定者将科技政策协调起来，实现科技政策组合效应最大化。那么，如何处理科技政策间的协同问题，已经成为政策制定过程中面临的重要挑战。

二 问题的提出

基于上述背景提出本书研究的主要问题，即科技政策组合对企业创新绩效的影响到底如何？科技政策组合对创新绩效的影响是如何实现的，对政策调整的含义是什么？本书将以科技政策组合作为出发点，分析科技政策组合对创新绩效的影响，并认为科技政策组合通过激励企业增加研发投入来提高创新绩效。因此，本书研究的三个子问题如下。

问题一：科技政策组合对创新绩效的影响如何？首先，政策之间存在相互作用，如果不控制其他的政策工具，仅对单一政策效果进行估计，难以保证所得结果中未掺杂其他政策的作用，导致科技政策的实施效果很可能被高估，使结果有偏。因此，科技政策实施效果的相关研究应考虑政策之间的相互作用，关注多项政策组合（Guerzoni 和 Raiteri，2015；Dumont，2017；Dimos 和 Pugh，2016）。其次，科技政策组合对创新绩效的影响很少区分创新的"质"与"量"，科技政策组合对创新数量和创新质量的影响也很可能是不同的。最后，在不同的企业特征、市场环境、宏观经济背景下，科技政策组合对创新绩效的影响也可能会有差异。那么，科技政策组合对创新数量、创新质量的影响如何？在不同企业特征、市场环境、经济波动背景下，科技政策组合对创新数量和创新质量的影响有何差异？

本书将政府补贴、税收优惠、政府采购政策作为研究对象，将科技政策分为政府补贴、税收优惠、政府采购、政府补贴—税收优惠、政府补贴—政府采购、税收优惠—政府采购、政府补贴—税收优惠—政府采购七种科技政策组合形式，从创新数量、创新质量双维视角出发，分析科技政策组合对创新绩效的影响，并进一步分析了在不同企业规模、市场竞争、经济波动背景下的科技政策组合对创新绩效影响的差异，以期得到更为精准的结论。

问题二：科技政策组合对创新绩效的影响是如何实现的？基于复杂适应系统理论的刺激—反应模型，本书认为科技政策组合通过刺激企业增加研发投入实现创新绩效。但科技政策组合对研发投入影响的研究并未考虑研发模式，那么，企业研发包括哪些模式？科技政策组合对企业不同模式研发投入的影响如何？不同环境下这些影响有何差异？

在现有研究的基础上，本书以组织边界以及知识来源为依据，将研发分为自主研发与合作研发，研究科技政策组合对不同模式研发投入的影响，并进一步分析不同企业规模、市场竞争、经济波动背景下科技政策组合对研发投入影响的差异。

问题三：科技政策组合、研发投入与创新绩效的关系如何？基于刺激—反应模型，本书构建了科技政策组合—研发投入—创新绩效的模型框架，认为科技政策组合通过刺激企业增加研发投入实现创新绩效。那么，研发投入在科技政策组合与创新绩效的关系中发挥什么样的作用？不同模式研发投入在科技政策组合与创新数量、创新质量关系中的作用具体如何？这些问题的研究将为科技政策的调整、企业创新绩效的提高具有重要意义。

上述三个问题构成了本书研究的主要内容。

第二节 研究意义

一 理论意义

首先，进一步丰富和深化了科技政策对企业创新绩效影响的相关研究。目前，相关的研究大多围绕不同政策形式的支持效果及其在不同情境中的差异，但主要研究单一形式政策的实施效果。事实上科技政策最终以政策组合形式存在，以政策组合解决问题，但已有文献对科技政策组合影响创新绩效的关注还比较少。此外，科技政策的实施效果不仅要强调创新数量的增加，更要关注创新质量的提升。本书基于政府补贴、税收优惠、政府采购政策，将其划分为七种政策组合形式，从创新数量、创新质量双维视角出发，研究科技政策组合对创新绩效的影响以及科技政策组合、不同模式研发投入、创新绩效的关系，进一步丰富和深化了科技政策的相关研究。

其次，拓展了复杂适应系统理论的应用。本书基于复杂适应系统理论的刺激—反应模型，构建了科技政策组合刺激企业做出增加研发投入，进而提高创新绩效的反应模型。目前仅有少数研究依据该理论得出科技政策刺激企业提高创新效率的结论（张永安等，2016），本书在其基础上，试图将该理论应用到科技政策组合—研发投入—创新绩效的研究框架，认为科技政策以组合形式刺激企业的创新行为，即科技政策组合刺激企业增加自主研发与合作研发投入，进而提高创新数量与质量，并通过实证研究方法对其进行验证，拓展了该理论的应用。

最后，丰富和完善了科技政策推动企业技术创新的机制研究。部分研究发现科技政策促使企业增加研发投入，而研发投入的增加有利于提高创新绩效。在现有研究的基础上，本书区分不同的研发模式，将研发投入分为自主研发投入与合作研发投入，实证分析科技政策组合对不同模式研发投入的影响以及不同模式研发投入在科技政策组合与创新绩效中的中介作用，拓展了相关研究，为相关研究提供了新的视角和结论。

二　现实意义

于企业层面而言，本书研究了科技政策的组合效应及其作用机制，结果发现不同的政策组合形式对企业创新数量和创新质量的影响不同，并且在不同企业规模、市场竞争、宏观经济波动下，科技政策组合对创新绩效的影响也存在差异，这为企业管理者获取、整合和利用科技政策组合这种稀缺外部资源提供了启示，企业应顺应经济政策方向、优化战略决策，成为政府资源发放的优先选择对象和市场优胜劣汰的幸存者。同时，本书发现自主研发投入与合作研发投入在科技政策组合与创新绩效的关系中均能起到中介作用，企业得到科技政策组合支持后，可以增加自主研发投入与合作研发投入，进而提高创新绩效，这对企业技术创新的发展路径及发展方式提供了一定的指导。因此，本书有助于企业管理者拟定合理的战略决策。

于政府层面而言，本书从科技政策组合视角深入分析其实施效果，发现不同的科技政策组合在不同情境中的效果不同，在特定情境中，科技政策组合的实施效果反而不如单一的政策形式，由此提出了政策建议，这为政府合理制定、科学调整科技政策提供了理论依据，为政府部门优化科技政策、提高科技政策实施效率、克服"政府失灵"现象提供了重要借鉴。

于国家发展而言，科技政策的不断完善、企业创新参与度及效率的逐渐提高，有利于践行国家创新驱动发展战略，提升国家的创新能力以及国际综合竞争力。

第三节 研究内容与框架

一 研究内容

围绕科技政策组合对创新绩效的影响这一议题，从创新数量与创新质量双维视角出发，通过理论分析与实证检验探索科技政策组合对创新绩效的影响，从而拟解决如下主要问题。

(一) 科技政策组合与创新绩效

目前，关于科技政策与创新绩效的关系研究主要集中在政府补贴、税收优惠、政府采购等政策对技术创新的激励或挤出效应的评价上，随着研究的深入，学者对单一政策研究提出质疑，认为政策之间存在相互作用，如果不控制其他的政策工具，仅对单一政策工具效果进行估计难以控制政策之间的混杂因素，导致科技政策的效应很可能被高估，使结果有偏（Dimos 和 Pugh，2016）。因此，相关研究应考虑政策之间的交互作用，关注多项科技政策组合（Guerzoni 和 Raiteri，2015；Dumont，2017）。此外，科技政策组合与创新绩效的相关研究更多关注的是创新数量，而创新质量的提升在企业创新发展过程中的作用不可忽视。那么，不同科技政策组合对创新绩效的影响如何？科技政策组合激励企业提高了创新数量还是提升了创新质量？在不同企业规模、市场竞争、经济波动情境下，科技政策组合对创新绩效的影响有何不同？基于上述内容，本书将科技政策划分为政府补贴、税收优惠、政府采购、政府补贴—税收优惠、政府补贴—政府采购、税收优惠—政府采购、政府补贴—税收优惠—政府采购七种科技政策组合，从创新数量和创新质量双维视角分析科技政策组合对创新绩效的影响，并进一步从微观企业规模、中观市场竞争、宏观经济波动视角分析科技政策组合对创新绩效影响的差异。

(二) 科技政策组合与研发投入

科技政策激励企业增加研发投入，但现有研究未能区分研发模式，科技政策组合对不同模式研发投入的影响有待进一步探索。本书将研发分为自主研发与合作研发，分析科技政策组合对自主研发投入与合作研发投入的影响，并进一步从微观企业规模、中观市场竞争、宏观经济波动视角分析科技政策组合对研发投入影响的差异。

(三) 科技政策组合、研发投入与创新绩效

在上述研究的基础上，探索研发投入在科技政策组合与创新绩

效关系中的中介作用，包括自主研发投入、合作研发投入在科技政策组合与创新数量、创新质量中的中介作用。

（四）提出相关的政策建议

根据中国科技政策、技术创新发展过程中的现状以及本书研究结果提出相关的政策建议。

二 研究框架

第一章，绪论。首先从研究背景出发，分析科技政策支持企业技术创新发展的现实背景，提出本书所要研究的问题，指出本书研究的理论意义和现实意义，介绍本书的研究内容和框架、研究思路及研究方法，并探讨本书的创新点。

第二章，文献综述。首先，对科技政策组合、创新绩效的概念进行了界定；其次，对近年来科技政策与创新绩效的文献进行了回顾，包括科技政策支持动因、创新绩效的影响因素及评价方法、科技政策组合与创新绩效关系以及科技政策组合、研发投入与创新绩效的关系；最后，对相关文献进行评述，指出本书研究的重要性和必要性。

第三章，理论基础与分析框架的构建。基于资源基础观、信号理论、复杂适应系统理论构建本书研究的理论分析框架，为全文研究提供了理论依据。

第四章，科技政策组合与创新绩效。基于已有研究及我国现实发展情况，将科技政策分为政府补贴、税收优惠、政府采购、政府补贴—税收优惠、政府补贴—政府采购、税收优惠—政府采购、政府补贴—税收优惠—政府采购七项政策组合，运用倾向得分匹配方法，从创新数量、创新质量两个维度分析科技政策组合对创新绩效的影响。然后研究了在不同企业规模、市场竞争、经济波动情境下科技政策组合对创新绩效的影响差异。

第五章,科技政策组合与研发投入。考虑企业研发模式,将研发分为自主研发和合作研发,运用倾向得分匹配方法,分析七项科技政策组合对不同模式研发投入的影响,并进一步分析了不同企业规模、市场竞争、经济波动情境下科技政策组合对不同模式研发投入的影响差异。

第六章,科技政策组合、研发投入与创新绩效。科技政策组合激励企业增加研发投入,进而提高创新绩效,即研发投入在科技政策组合与创新绩效的关系中起中介作用。包括科技政策组合、自主研发投入与创新数量,科技政策组合、合作研发投入与创新质量,科技政策组合、自主研发投入与创新质量,科技政策组合、合作研发投入与创新质量四部分内容,分别验证自主研发投入、合作研发投入在科技政策组合与创新数量及创新质量中的中介作用。

第七章,结论及建议。归纳本书的研究结论,提出相关的政策建议,指出本书研究的不足,并对未来研究进行展望(见图1-5)。

第四节 研究思路与方法

一 研究思路及技术路线

本书主要采用理论分析和实证检验相结合的研究方法,围绕科技政策组合—不同模式研发投入—创新绩效这一逻辑思路,基于创新数量和创新质量双维视角,探索在我国创新驱动发展战略背景下科技政策组合对创新绩效的影响。具体来说:首先,在对科技政策支持企业技术创新背景分析以及国内外相关文献的梳理的基础上,聚焦研究内容,提出研究问题;其次,通过理论分析构建本书的整体研究框架,研究科技政策组合对创新绩效(包括创新数量与创新质量两个维度)的直接影响,分析科技政策组合对不同模式研发投

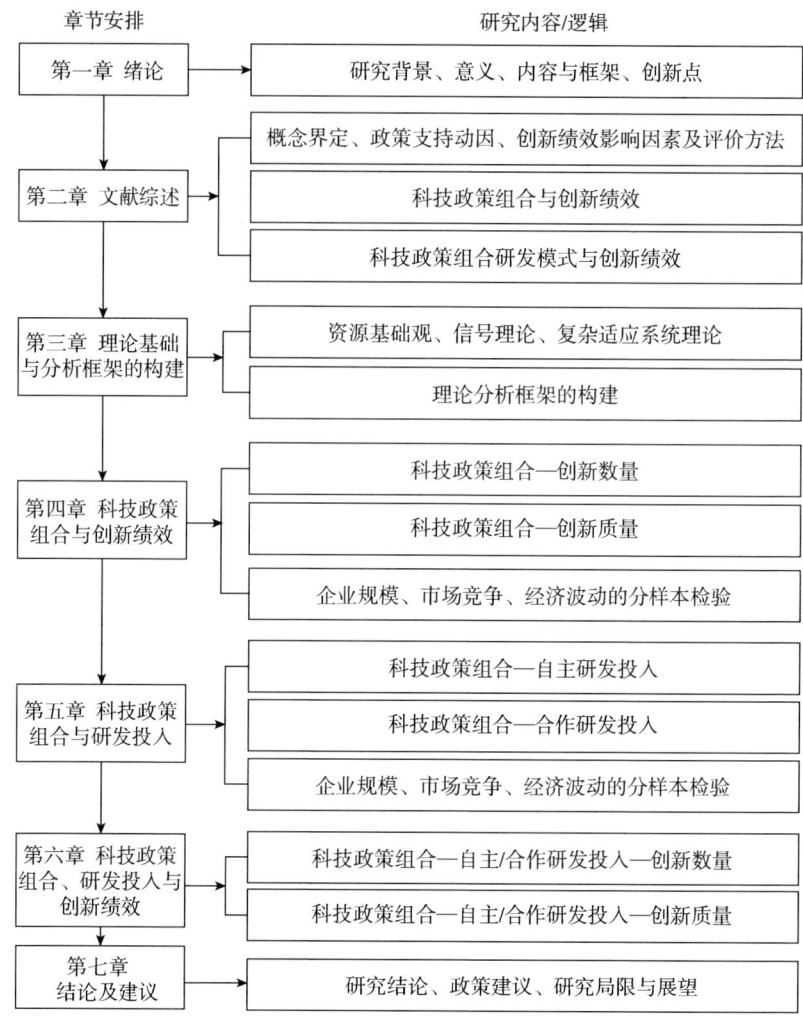

图1-5 研究框架

入的影响,进一步分析科技政策组合、研发投入与创新绩效的关系,检验研发投入在科技政策组合与创新绩效关系中的中介作用;最后,根据研究结果及科技政策支持创新的现状,提出具有针对性的政策建议。其技术路线如图1-6所示。

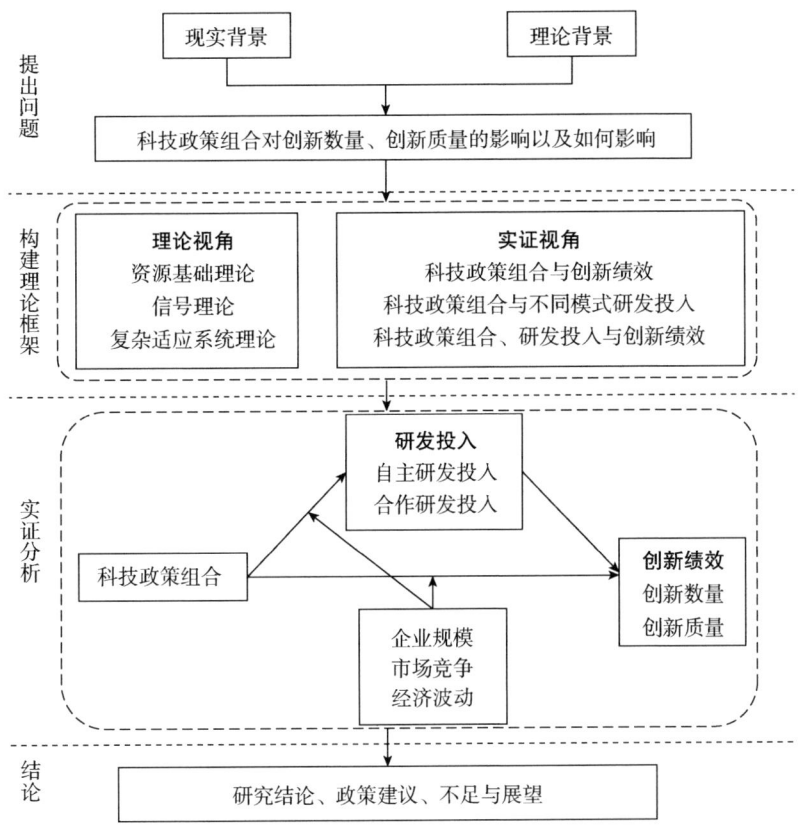

图 1-6 技术路线

二 研究方法

本书注重定量与定性相结合、理论分析与实证研究相结合。在定性分析的基础上，重点通过定量分析研究科技政策组合对创新绩效的影响。

（一）文献研究法

通过对政府补贴、税收优惠、政府采购及政策组合相关的国内外文献的阅读，梳理科技政策组合与企业创新关系相关的理论基础、研究方法、变量选择、研究结论等，全面理解和把握研究问题的相关理论和研究动态。

（二）实证分析法

本书采用定量和定性相结合的分析方法，在理论与文献分析的基础上，通过实证分析方法进行验证。在写作过程中综合运用描述性统计分析、相关性分析、回归分析等。针对样本选择等内生性问题，在分析科技政策与创新绩效的关系时，选用倾向得分匹配、工具变量等方法加以解决。针对计量分析中可能存在的遗漏变量问题，采用固定效应模型加以控制，增强本书研究的逻辑性与科学性。

第五节　创新点

本书的创新点如下所示。

第一，本书研究基于科技政策组合视角，将创新绩效分为创新数量、创新质量两个维度，研究其对创新绩效的影响，并得到了新的结论，丰富和拓展了科技政策与创新绩效的相关研究。科技政策与创新绩效的研究大多围绕单一形式政策的实施效果及其在不同情境中的差异，而政策最终是以组合或者协同的形式解决问题，但现有文献中对科技政策组合的研究相对较少。此外，已有研究对创新绩效的关注更多的是创新数量，然而科技政策的实施效果不仅强调创新数量的增加，更需关注创新质量的提升，但从科技政策组合视角分析其对创新质量影响的研究较为匮乏。本书基于科技政策组合视角，以政府补贴、税收优惠、政府采购为对象，将科技政策划分为七项政策组合形式，研究其对创新数量以及创新质量的影响，为相关研究提供了新的视角。本书研究结果发现科技政策组合均有利于创新数量与创新质量的提高，但与已有研究不同，本书发现不同的政策组合形式实施效果并不完全一致，特定情境下，科技政策组合反而不如单一形式政策能够发挥激励效应，进一步丰富和拓展了相关研究。

第二，基于复杂适应性系统理论的刺激—反应模型，构建科技政策组合刺激企业做出增加研发投入，进而提高创新绩效的反应模型，拓展了复杂适应系统理论的应用。目前仅有少数研究运用该理论提出创新政策刺激企业提高创新效率（张永安等，2016），本书在其基础上，试图依据该理论构建科技政策组合—研发投入—创新绩效的研究框架，认为科技政策以组合形式刺激企业的创新行为，激励企业增加自主研发与合作研发投入，进而提高创新数量与质量，并通过实证分析方法对该框架加以验证，完善了该理论在政策与创新关系中的应用，拓展了该理论的应用。

第三，丰富和深化了科技政策推动企业技术创新的机制研究。部分研究提出科技政策促使企业增加研发投入，进而推动企业提高创新绩效。但目前考虑研发模式的研究大多仅分析研发投入对创新绩效的影响，科技政策组合对合作研发投入的影响以及合作研发投入在科技政策组合与创新绩效中的作用有待进一步研究。本书在现有研究的基础上，区分不同的研发模式，将研发投入分为自主研发投入与合作研发投入，实证分析科技政策组合对不同模式研发投入的影响以及不同模式研发投入在其中的作用，丰富和完善了科技政策支持企业创新的机制研究。此外，本书将宏观经济波动应用到科技政策组合影响创新绩效的研究中，从微观企业规模、中观市场竞争、宏观经济波动视角研究科技政策组合对创新绩效的影响差异，一定程度上拓展了相关研究，使本书层次丰富，内容充实。

第四，考虑政府支持企业技术创新研究中的内生性问题，以倾向得分匹配方法进行实证分析，并利用工具变量、替代变量等方法进行稳健性检验，考虑技术创新的长期性，还对企业创新绩效进行滞后处理，增加了本书研究的稳健性，得到更易被信服的结论。

第二章 文献综述

第一节 概念界定

一 科技政策组合

政策是国家治理的重要工具，科技政策则是国家和科学技术关系的政策表现。基于演化范式的科技政策认为，科技政策制定的目的是支持科学知识、技术的生产、利用乃至扩散（Oltra，1999），并从选择机制、企业技术创新、企业研究与开发三个方面的作用对象把科技政策进行分类。技术创新涵盖的范围十分宽广，不仅包括技术研究与开发，还包括工业工程以及管理过程创新、获取有形和无形技术等，所以科技政策涵盖的范围是非常广泛的，政策文本数量众多，分类方式各不相同，是一套较为成熟、完善的政策体系。从狭义上讲，科技政策通常被认为是 R&D 政策，它是以推进资源完成新产品、新工艺及服务的转变为目标。更进一步的，OECD 与联合国教科文组织把 R&D 政策分类为实验开发、基础研究和应用研究。其中，实验开发通常把科学研究和实际的经验作为手段，其最终目的是生产新材料、新产品，或者升级、改造现有的工艺、设备，并以此为基础所做的一系列的系统性工作；基础研究并不是以特定的应用为目的，而是通过理论、实验等工作，掌握事物的基本规律；应用研究是为得到新的知识所做的一切创造性的研究活动，其最终目标是某一个领域的最终实际应用。可以发现，狭义的科技政策主要是从供给的角度来对生产要素在技术创新中的地位进行定义，在进行基础研究与实验开发的过程中，科技要素的投入水平决定了技术创新的最终结果；从广义上来讲，科技政策就是技术创新政策，是各级政府对技术创新全过程所采取的一系列的相关配套政策措施。

政策组合概念最早出现在20世纪60年代财政政策、货币政策互动关系的研究中（Marta和Benedetto，2020）。随后，"政策组合"的概念被引入创新领域，随着科技政策的不断完善，政策组合已经成为近年来科技政策研究的热点（Edurne和Wilson，2019；Kern et al.，2019）。相比单一政策，政策组合对企业创新有更深的影响（Stefano等，2012；Schot和Steinmueller，2018）。

关于政策组合的概念，Flanagan等（2011）认为政策组合主要是指政策工具之间的组合应用，并指出政策工具间的互动权衡是政策组合的基础。Cunningham（2013）认为政策组合主要指将不同政策工具合并到一个集合中。Borrás和Edquist（2013）强调政策组合是推动创新过程中的不同政策工具的结合。Howlett等（2015）运用案例提出了一种从单一政策和单一政府到更复杂政策（多目标、多政策和多层次政府）的方式。Reichardt和Rogge（2016）提出了一个较为完整的定义，强调政策组合不仅由具体要素（手段）组成，而且由过程（决策）及其特点（主要是要素的一致性、过程的一致性、可信性和全面性）组成。

本书将科技政策组合定义为"一组相互作用的、对创新数量和质量具有影响的科技政策工具的结合"。诸多政策中，政府补贴、税收优惠、政府采购是基于企业层面的政策，并且考虑到政策支持规模及数据的可得性，本书中科技政策特指政府补贴、税收优惠、政府采购政策，科技政策组合即指政府补贴、税收优惠、政府采购政策组合。政府补贴、税收优惠、政府采购的具体定义如下所示。

政府补贴是政府以财政资金对技术创新予以直接补贴的行为，主要通过直接财政拨款、财政贴息、无偿划拨非货币性资产、股权投资、专利申请资助经费、科研项目所申请的财政补贴、科技创新支持基金、技术改造专项基金以及其他各类形式的补贴方式将资金无偿转移给微观经济主体。政府补贴直接降低了企业技术创新的成本和风险，刺激企业参与创新的动机和意愿，有助于实现企业发展、产业升级、经济增长等多重目标，是支持企业创新的激励因素（Guo et al.，2016；陆国庆等，2014）。

税收优惠主要指政府在一定时期内为实现政治、经济和社会发展的总目标，通过各项税收手段所采取的激励措施，减轻、减免部分纳税人的纳税义务，进而补贴某些活动或相应的纳税人。其途径主要是通过减轻或延迟企业的纳税负担或时间而给予企业支持，具体包括：一是应纳税额优惠。按适用税率计算出应纳税额后，可采用直接减免、先征后返、进项税扣除、出口退税等方式免除或降低税负。二是税基优惠。通过减少税基的办法来免除或降低税负，主要有起征点、免征额、税项扣除、投资抵免、亏损结转等。三是税率优惠。通过降低纳税人适用税率的办法免除或降低税负。四是纳税时间优惠。通过加速折旧等间接优惠方式，延迟纳税的时间，减轻税收负担。税收优惠可以起到外部性内在化的作用，减轻市场失灵的程度（黄惠丹和吴松彬，2019）。税收优惠是一种无须政府审批的范围更广、更具普适性的政策形式，是支持企业创新的保健因素。

政府采购。学者通常利用不同的名称描述政府采购在推动企业技术创新中发挥的作用，如创新促进型政府采购（public procurement for innovation）（Edler 和 Georghiou，2007）、创新公共采购（public procurement of innovation）（Georghiou et al.，2014）、战略性政府采购（strategic public procurement）、启发式政府购买

(enlightened public procurement)(Smellie,1985)等。1987年,世界贸易组织在《政府采购协议》中指出,政府采购为政府的采购、工程、租赁、服务、货物以及购买公共设施等行为。我国在《中华人民共和国政府采购法》中也明确了政府采购的定义,即各级国家机关、事业单位和团体组织,使用财政性资金采购依法制定的集中采购货物、工程和服务的行为。通过这种对技术的需求,促进技术的开发、扩散与改进;通过预算控制、招投标等形式,引导和鼓励政府部门、事业单位等优先购买国内高技术设备或产品,并最终提高国内企业的技术创新能力,提升国家的技术创新水平。因此,政府采购主要指政府为了提供一个明确稳定的市场、减少企业创新初期风险、激发企业技术创新决心,使用财政性资金采购依法制定的集中采购目录以内的或者采购限额标准以上的新产品、新技术的行为。政府采购可以稳定需求,降低市场风险(Boon和Edler,2018;Uyarra et al.,2020;Miller和Lehoux,2020),是支持企业创新的驱动因素。

二 创新、技术创新与创新绩效

(一) 创新的内涵及特征

创新是国家发展的动力以及社会进步的阶梯。创新是一项经常性的社会实践活动,它以扎实的专业知识为基础,以敏锐的观察力、丰富的想象力、深刻的洞察力为指导,通过艰苦的精神工作,反映事物发展的要求。创新不是一般的重复性工作,更不是对原有内容的简单修复,而必须是根本性的变革、突破性的发展、全面的创造。

创新是一个内涵丰富的概念,狭义上来讲包括技术创新;广义上来讲,包括技术创新、制度创新、管理创新等方面内容。通常来讲,创新大多指的是狭义上的技术创新,本书研究中的创新指的也是技术层面的创新。

在众多关于创新特征的阐述中,熊彼特(Joseph A. Schumpeter)的创新理论最为深入,得到了学术界的普遍认可,指出创新指的是"一种新的生产函数的建立",即实现一种生产条件和生产要素的从未有过的新的结合,通常包括五个方面的内容:采用新的生产方法,制造新的产品,获得新的供应商,开辟新的市场,形成新的组织形式。他认为创新是经济发展的根本动因。

(二)技术创新

1. 技术的定义

1977 年,世界产权组织出版的《供发展中国家使用的许可证贸易手册》给技术下的定义是:"技术是制造一种产品的系统知识,所采用的一种工艺或提供的一项服务,不论这种知识是否反映在一项发明、一项外形设计、一项实用新型或者一种植物新品种中,或者反映在技术情报或技能中,或者反映在专家为设计、安装、开办或维修一个工厂或为管理一个工商业企业或其活动而提供的服务或协助等方面。"这是迄今为止国际上对技术给出的最为全面和完整的定义。

法国科学家狄德罗在其《百科全书》中给技术下了一个简明的定义:"技术是为某一目的共同协作组成的各种工具和规则体系。"技术的这一定义,基本上指出了技术的主要特点,即社会性、目的性、多元性。技术的成功实现受社会多种因素的制约,并且需要得到社会的支持,需要社会协作,即社会因素会直接影响技术的发展进程甚至其成败。技术的目的性贯穿于整个技术活动的过程之中,任何技术从其诞生起就具有目的性。所谓多元性,是指技术既可以表现为有形的机器设备、工具装备、实体物质等硬件,也可以表现为无形的工艺、方法、规则等知识软件,还可以表现为虽不是实体物质却又有物质载体的信息资料、设计图纸等。

通常来讲,技术可以分类为生产技术、非生产技术。其中,生产技术是企业生产活动过程中的技术，是基本构成；非生产技术则是社会生活中为满足其需求的技术，包括公用技术、文化教育技术、军事技术、科学实验技术、医疗技术等。

2. 技术创新

自熊彼特后，关于技术创新的研究逐渐增多。20世纪60年代，美国经济学家华尔特·罗斯托提出了"起飞"六阶段理论，将创新的概念发展为"技术创新"。1962年，伊诺斯（Enos）在《石油加工业中的发明与创新》中首次明确地给出了技术创新的定义，即"技术创新是几种行为综合的结果，这些行为包括发明的选择、资本投入保证、组织建立、制订计划、招用工人和开辟市场等"。林恩（Lynn）认为技术创新是"始于对技术的商业潜力的认识，而终于将其完全转化为商业化产品的整个行为过程"。1968年，Mansfield从创新视角研究了产业经济学和技术经济学，认为技术创新即为新产品或工艺首次引进市场或被社会利用。1969年，迈尔斯（Myers）和马奎斯（Marquis）在研究报告《成功的工业创新》中将技术创新定义为技术变革的集合，指出技术创新是一个复杂的活动过程，从新思想、新概念开始，通过不断地解决各种问题，最终使有经济价值、社会价值的新项目得到成功的实际应用。到70年代下半期，他们明确地将不需要引入新技术知识的模仿和改造作为两类创新方式划入技术创新的定义范围中，在NSF报告《1976年：科学指示器》中将其定义为："技术创新是将新的或改进的产品、过程或服务引入市场。"自此，对技术创新的界定范围进一步扩展。

20世纪七八十年代开始，有关创新的研究进一步深入，开始形成系统的理论。厄特巴克（Utterback）在70年代的创新研究中独树一帜，他在1974年发表的《产业创新与技术扩散》中认为，"与发明或技术样品相区别，创新就是技术的实际采用或首次应用。"缪尔赛在80年代中期对技术创新概念做了系统的整理分析。在整理分析的基础上，认为："技术创新是以其构思新颖性和成功实现为特征的有意义的非连续性事件。"世界经合组织（OECD）对技术创新的定义为："产品创新、工艺创新，以及在产品和工艺方面显著的技术变化。"

西方创新理论引入我国后，国内许多学者对创新的内涵进行了深入的研究。傅家骥（1998）对技术创新的定义是："企业家抓住市场的潜在盈利机会，以获取商业利益为目标，重新组织生产条件和要素，建立起效能更强、效率更高和费用更低的生产经营方法，从而推出新的产品、新的生产（工艺）方法，开辟新的市场，获得新的原材料或半成品供给来源或建立企业新的组织，它包括科技、组织、商业和金融等一系列活动的综合过程。"在其基础上，史世鹏（1999）提出，"技术创新有狭义和广义之分，狭义的技术创新就是新技术产品的创始、演进和开发；广义的技术创新则与高技术产品流通过程相重叠，它高于高技术产品流通过程，是由技术创新（狭义）、创新商业化、高技术产品扩散三个功能和商流、物流、信息流三个支柱及高技术产品、高技术体制和高技术意识三个要素构成"。1999年新出版的《辞海》将技术创新定义为："把一种或若干种新设想（新概念）发展到实际和成功应用的阶段，或称一个从新产品或新工艺的设想产生到市场应用的完整过程"。1999年8月，《中共中央 国务院关于加强技术创新，发展高科技，实现产业化的决定》指出，"技术创新，指的是企业应用新知识、新技术、新工艺，采用新的生产方式和经营管理模式，提高产品质量，开发生产新的产品，提供新的服务，占据市场并实现市场价值"，本书沿用该定义。

概括来讲，技术创新的基本特征包括：

创造性。这是技术创新的基本特性，非创造性的技术创新的产品不能满足现阶段的市场需求，仅仅是对原始技术的低级复制，也无法提高企业的综合实力，而创造性的技术创新则可以使企业获得市场竞争力，占领市场制高点。

新颖性。这是技术创新的本质特征之一，是在企业技术创新的过程中，所有构思、产品、工艺或服务在之前的应用中从未出现过。

高投入性。技术创新从最初的构思、研发到最终的市场实现需经历多个环节，其中所需的投入也非常大，这也是技术创新的显著特征。

高风险性。技术创新是一项多阶段且技术要求高的复杂活动，其中的不确定性较高，面临的风险也较大，比如研发、生产、销售等环节均面临风险。

高收益性。风险与收益是一种对立统一的关系，高风险往往意味着高收益，技术创新活动一旦成功，其带来的收益也是非常可观的。

周期性。技术创新是一项周期性明显的活动，创意的产生、研发、生产、销售等的周期性都很明显。

协调性。技术创新阶段性强、环节较多，所涉及的企业内外部资源、要素等也相对复杂，因此，技术创新需要与企业内外部各相关主体相互适应、相互协调。

3. 创新绩效

创新绩效是对技术创新的全面评价，但对创新绩效的概念界定一直没有统一的意见。起初创新绩效表示为技术创新过程中产出技术的绩效。Hagedoom 和 Cloodt（2003）指出狭义上的创新绩效为企业将发明创造引入市场的程度，而广义上的创新绩效指的是从概念产生到引入市场的整个过程的技术、发明、创新三个方面的绩效。Poti（2001）认为，基于不同的管理主体，创新绩效的含义不同，即宏观视角下，也就是从国家的整体层面上来说，创新绩效指的是国民经济的增长以及全民福利的改善；中观视角下，也就是从区域层面上来说，创新绩效指的区域经济的增长；微观视角下，也就是从企业层面上来说，创新绩效指的是企业产出的增加。

本书创新绩效是指企业技术创新的效果和效率，即创新投入转化为成果的效率以及成果实现后所带来的经济效益。本书将创新绩效的评价划分为创新"量"与"质"两个维度,其中,创新数量代表创新规模,即企业创新投入和获得的产出或市场收益等,通常包括研发投入、专利申请数量、新产品销售收入等;创新质量代表的是创新水平,是企业相同的投入获得更多的产出或者较少的投入获得等量的产出的能力,通常指创新效率(张永安和关永娟,2020)。

第二节 科技政策支持动因及分类

一 科技政策支持动因

(一) 技术创新与经济增长

Romer(1990)提出"当今世界经济增长和人均收入差距加大的主要原因是知识的积累和技术的进步",这意味着一个国家要想获得持续的经济增长,必然要增加本国的知识和技术积累。

1957 年,索洛提出了新古典经济增长模型,把技术进步作为一个重要因素纳入,形成新的经济增长模型,即 $Y_t = AK_t^\alpha (LX_t)^\alpha$。从长期来看,从劳动力和资本中获得的经济增长是稳定的,并且技术进步是增长的重要来源。索洛在经济增长模型中将技术进步作为一大要素纳入,形成新的经济增长模型,尽管索洛将技术进步看作促进经济增长的一大因素,但其未能解释长期经济增长的真正来源,只是将技术进步作为一种外生因素,忽视了技术进步才是长期经济增长的关键。

随后,更多的研究将技术进步看作经济增长的内生变量。如 Mansfield(1968)认为,技术进步以及技术创新在经济增长中发挥核心作用,并将技术创新看作一个相互作用的、复杂的过程,强调揭示内部运作机制的"黑箱",进一步发展了熊彼特的制度创新思想。波特(1990)也曾指出一个国家要保持竞争优势,获得长久的经济发展，要经历生产要素驱动、投资驱动、创新驱动、财富驱动四个阶段。新增长理论认为"当今世界经济增长和人均收入差距加大的主要原因是知识的积累和技术的进步"，认为知识和技术是经济增长的持续动力。这意味着一个国家如果想获得持续稳定的经济增长，必然要增加本国的知识、技术积累，从而获得这些要素带来的收益。

Romer（1990）直接将技术创新看成经济发展的内在因素，并构建了著名的罗默内生经济增长模型——一个与传统的收益递减模型不同的收益递增的增长模型。罗默将技术进步作为内生变量纳入经济增长模型，并将其看作是经济长期增长的关键，将资本要素（K）看作是知识产品，并且知识产品是通过 R&D 活动创造出的，和生产有形商品的活动使用同样的要素投入。

因此，技术创新作为知识生产中最重要的组成部分，是经济持续增长的源泉。

（二）市场失灵与政府干预

自亚当·斯密提出市场经济的运行机制后，市场经济得到了全世界很多国家的接受。而 1929—1933 年爆发的世界资本主义经济危机使该理论的缺陷逐渐显现出来，即市场经济也不是万能的，仅仅依靠市场无法使资源达到最优配置。企业创新也难以仅靠市场达到社会期望水平，外部性、公共物品、信息不对称等均可导致市场失灵（Dasgupta 和 Stiglitz，1980；Spence，1984）。

1. 创新产品的公共物品属性

保罗·萨缪尔森于 1954 年在论文《公共支出的纯粹理论》中，最早对私人产品和公共产品做出说明。萨缪尔森认为所有公共产品都具有非排他性（non-excludability）和非竞争性（non-rivalrous consumption），这些特性会导致现实活动中的"搭便车"（free ride）行为。因此，政府需要对市场行为进行补充，以此来弥补市场机制的失效或低效。

技术创新产品也具有公共物品的属性，特别是技术创新产品的信息部分具有明显的公共物品的属性，导致投入知识或信息生产的R&D费用减少。不仅如此，专利权或知识产权也大多存在期限，超出期限后，技术创新也会呈现公共物品属性。

2. 外部性

技术创新的外部性主要体现为溢出效应（spillover），加速了技术创新的向外扩散，有利于提升社会整体的福利水平。但也正因为这一原因，技术创新体现出了负外部性：企业的技术创新投资决策的基础是私人的投资回报而不是社会回报，Tewksbury 等（1980）认为一种卓有成效的发明，其私人回报率的中位数是27%，而其社会回报率的中位数可达到99%，几乎是私人回报率的4倍；Mansfield 研究发现专利在四年内被模仿的比例超过60%，这使企业的研发投入低于社会所期望的最优水平，导致企业技术创新的动力不足，并抑制经济发展。即外部性导致技术创新的私人投资者无法独占技术创新带来的利益（Griliches，1979），而这会弱化企业进行技术创新投资的动力，同时强化企业等待其他企业进行 R&D 投资、无偿获取溢出效应的"搭便车"心态，使技术创新竞争蜕变成一种等待博弈（waiting game），挫伤企业参与创新的积极性，使社会整体福利水平降低。

因此，政府应该通过相关政策激励企业开展研发活动，推动企业参与技术创新，促使社会的总体创新水平达到最优水平。

3. 创新产品可能存在"寡占市场"情况

"寡占市场"是一种不完全竞争的市场。企业的创新产品进入市场以后，一些技术含量高的产品，会存在较高的市场进入壁垒，使创新产品出现"市场寡占"现象。不管是由于技术垄断形成的单一企业寡占市场，还是卡特尔式的垄断联盟，企业为了获得超额利润，往往会减少产量、提高价格，造成整个社会的低效和福利损失。而解决"寡占市场"则主要依靠国家的政策，通过政策调整产业结构，促进竞争，即需要国家政府补贴、税收优惠等科技政策来解决因市场结构失衡导致的失灵问题。

4. 政府干预

技术创新过程中存在着市场失灵现象，损害创新企业的利益，而且创新活动本身具有高风险、高投入以及收益不确定等特征，影响企业参与创新的决策，导致企业参与技术创新的动力不足。为弥补市场经济的缺陷，作为公共资源的管理者、调配者，政府理应对经济进行必要的干预。1936年，凯恩斯在《就业、利息和货币通论》中提出，"政府应对经济进行有意识的干预，以弥补市场失灵和促进资源的合理配置"。英国经济学家Freeman（1987）提出国家创新系统的概念，在这个系统中相互学习、扩散、转移和应用新知识和新技术。创新成败取决于国家对社会经济范式适应技术经济范式的调整能力，应特别关注政府政策因素。在市场非强势有效的现实背景下，政府政策一方面具有规制的作用，另一方面具有引导和激励作用（Leahy和Neary，1997）。Torregrosa-Hetland（2019）研究发现，1970—2013年，芬兰与瑞典的公共部门在刺激企业创新中均发挥了非常突出的作用，而且这种作用还呈上升趋势；芬兰尤其如此，这一时期35%—55%的创新由政府资金刺激实现，25%—65%是与公共研究合作的结果；在瑞典，政府刺激实现的创新所占比例较低，也不稳定，但随着时间的推移，这一比例有所上升。作为公共资源的管理者、调配者，政府应在经济活动中发挥作用（Stiglitz，2014）。

因此，为了推动经济发展及技术进步，弥补市场经济的缺陷，政府应以其"有形的手"，通过一系列科技政策弥补由于市场失灵及创新活动的高风险性等造成的企业创新动力不足、成本过高等问题，刺激企业的创新行为，促进资源的有效配置（Leahy和Neary，1997；Wang等，2020）。

(三) 技术创新的不确定性和高风险性

Nelson 指出，"在所有的案例研究中，有许多特点是非常明显的。一个是在技术进步过程中显然隐含的不确定性。"技术创新活动具有较强的不确定性，主要体现在技术创新开发与转化、生产、市场销售、资金的不确定性等方面。

1. 技术创新开发与转化的不确定性

从科学原理到技术生产的完整的应用程序需要经过多个阶段，如研发、实验、中间试验测试等，才能确定生产的可行性，这可以推动生产过程改进成为一个成熟的技术。但是，在这个过程中由于信息、自身科研能力、设备、环境等条件约束都有可能导致技术开发的滞缓，甚至中断。随着创新过程向前推进，创新成功率也在不断提高。孙莹（2013）的研究表明，创新的前期阶段，如实验室样品阶段和中试阶段的成功率低于50%，而中试之后的产业化阶段成功率可达80%，但创新程度越高的项目，各阶段的成功率越低，不确定性就越高。即使技术开发成功并应用于生产，还会面临市场销售问题。新产品是否能够被消费者认同，对原有产品是否存在替代效应，这些都会影响新产品的市场份额。因此创新活动在科学原理—研发—实验—生产—销售这个链条中的每个环节都存在不确定性，阻碍创新活动。

2. 生产的不确定性

一项技术从研发阶段到生产阶段也存在不确定性。首先，该项技术的生产对环境、生产设备的要求等都需要在实际的生产过程中经过重重探索才能确定。其次，该项技术对原料、动力等消耗的要求无法事先确定，实际中供货的数量、质量、时限性等均可能给该技术的生产带来不确定性。最后，技术若要规模化、连续的生产所需的人员、设备、原料、管理等都需要比较好的支持与配合，而这一过程往往需要一段时间的磨合，因此，也存在一定的不确定性（杜伟和魏勇，2001）。

3. 市场销售的不确定性

技术创新产品进入市场能否满足消费者的需求，多大程度上能满足消费者的需求，都难以事先进行预测。此外，竞争对手的应对策略、经济背景、宏观政策等都难以预见，而这些因素恰恰在很大程度上影响了产品的销售。因此，创新产品在销售过程中也存在较大的不确定性，创新产品在市场销售中面临的诸多环节和因素，都有可能造成产品销售出现困难，甚至导致进入市场的失败（杜伟和魏勇，2001）。

4. 资金的不确定性

由于创新活动属于高投入、高风险的经济活动，企业研发、中试与生产等均需要大量的资金。当企业内部资金无法满足企业创新活动的资金需求时，必须依靠外部融资。其中，向金融机构借款是企业首选，但金融机构发放贷款时，资金的安全性是首要的考虑因素，而创新项目恰恰风险性较高，因此金融机构在预见不到项目未来效益的情况下，不会提供贷款。而权益融资可以从风险投资机构和股权市场获得，但是股权市场进入需要门槛，而目前我国风险投资环境尚未成熟，风险投资的支持力度远远不够。资金是创新活动开展的基础保障，一旦资金供应不足，创新活动就会被迫中断，甚至会因此给企业带来毁灭性损伤（崔也光等，2017）。

创新活动在科学原理—研发—实验—生产—销售的多个环节都存在不确定性，阻碍创新进程。技术创新的不确定性，分别对应创新活动的不同风险，即技术风险、生产风险、市场风险和资金风险。创新活动具有复杂性，往往需要多个研究人员或研究团队合作，这使企业面临合作风险。此外，社会、法律、政治、政策等外部环境的变化也会增加企业创新活动的风险。

技术创新的不确定性和高风险性影响企业创新决策，导致企业创新动力不足，因而需要政府政策支持。

二 科技政策分类

科技政策是政府部门干预或调节科学、技术与创新活动的重要手段，且内容丰富、涉及范围广泛、表现形式多样。按照不同的维度和依据，可以有多种分类方法。本书在探讨科技政策概念和内涵的基础上，结合政策分类的多维视角，将其划分为以下几种类型。

（一）根据政策的制定及发布层次，可分为国家层面、地方层面的科技政策

具体来说，国家层面的科技政策，主要包括以中共中央、国务院名义或者以中办、国办名义（联合）颁布、实施的政策，以及由国家相关部委和有关单位单独发布或联合发布的政策。前者如《中共中央 国务院关于深化科技体制改革加快国家创新体系建设的意见》和《国务院办公厅关于建设第三批大众创业万众创新示范基地的通知》；后者如国家税务总局发布的《关于进一步深化税务领域"放管服"改革 培育和激发市场主体活力若干措施的通知》，财政部等十一部门联合出台的《关于"十四五"期间支持科技创新进口税收政策管理办法的通知》等。前者发布层次高，出台文件数量相对有限；后者涉及几十个部门，相关部门均有制定出台权限，因此较为常见。

地方层面的科技政策主要涉及省级（各省、自治区、直辖市、计划单列市和新疆生产建设兵团等）、地市级、县级三个层次，各级地方党委、政府及相关部门出台科技创新政策均属于此类。地方层面的科技政策一部分是国家政策贯彻落实的重要组成，另一部分则是针对当地需求制定的具体政策，形式上基本与国家政策保持一致。如北京市人民政府制定的《关于大力推进大众创业万众创新的实施意见》《关于进一步创新体制机制 加快全国科技创新中心建设的意见》等。

（二）根据政策内容特点，可分为科学政策、技术政策和创新政策

根据政策内容特点，可分为科学政策、技术政策和创新政策，其中，科学政策关注的焦点是科学知识的生产；技术政策关注的焦点在于技术知识的发展及其商业化；创新政策兼具科技和经济的双重属性，目的在于促进科技与经济的融合发展和经济体总体创新绩效的提高（见表2-1）。

表2-1　科学政策、技术政策和创新政策关注的焦点

政策类型	关注焦点	关注的政策手段
科学政策	科学知识的生产	公共研究基金 高等教育 知识产权
技术政策	促进产业技术知识的发展及其商业化	公共采购 对战略性产业的公共支持 技术标准 技术预见 不同产业部门之间的标杆对比 建立不同组织之间的联系（如产—研合作） 员工职业培训和技能的提升
创新政策	经济体的总体创新绩效	环境规制 公司法 竞争规制 消费者权益保护 为区域发展提升社会资本；产业聚集和工业园区 智能标杆对比 职能的、反思性的和民主化的（技术）预见

（三）根据政策工具作用方式，可分为供给面、需求面、环境面的科技政策

根据政策工具对技术创新活动的作用方式不同，可以将科技政策划分为供给面政策、需求面政策和环境面政策三类（Rothwell，1985）。也有学者仅按供给面和需求面两类对创新政策进行划分。目前，国内学者普遍采用三类分法。这三类政策工具共同构成完整

的政策体系,对技术创新活动发挥直接的推动、拉动作用,或者间接的影响作用。其中,供给面政策指政府通过人才、信息、技术、资金等手段,直接扩大技术的供给;同时技术创新相关要素的供给状况,推动技术创新和新产品开发,是基于创新投入方,即企业视角的支持政策,包括直接补贴、贷款贴息等政策。需求面政策对市场经济行为中的需求方予以政策支持,即基于买方市场的政策支持,指政府通过公共采购与贸易管制等措施,积极开拓并稳定新技术应用的市场,减少市场的不确定性,从而拉动技术创新,主要有创新公共采购、法规、标准等。环境面政策是为完善技术创新环境制定的政策,具体指政府通过财政、金融、税收和法规制度等政策工具,改善技术创新发展的环境,为技术创新提供有利的政策环境,间接影响并促进技术创新。

(四)根据科技政策的内容范围和复杂程度,可分为单一型、复合型的科技政策

单一型科技政策,也称单项科技政策,政策内容聚焦某一具体政策,有明确的政策指向和目标,政策内容、层次较为单一。比如企业研发费用加计扣除政策、研发仪器设备加速折旧政策、职工教育经费税前扣除政策等。复合型科技政策,通常由两项及以上的单一性科技政策构成(也称"政策组合",policy mix),甚至包含若干政策方面(每个方面由若干项单一性政策组成),政策内容覆盖面较宽、目标较为宏大和立体,一般需要有相对应的实施办法细化支撑。典型的复合型科技政策如《〈国家中长期科学和技术发展规划纲要(2006—2020年)〉的若干配套政策》,共包括10个政策方面的60条政策,另有70多项实施细则。从单一性政策与复合型政策的关系来看,复合型政策往往在某一领域或综合方面起指导和统帅作用,单一性政策则在整个政策体系中是处于从属地位的,通常是复合型政策的具体化和延伸,或是为了贯彻复合型政策而制定的具体行动准则或者具体行为规范。

三 中国科技政策的特点

技术创新活动不同于工程建设和一般的生产经营活动,是一种特殊的智力劳动,也是一个复杂的系统过程,有其特有的规律,具有新奇性、异质性与跨界性;同时,技术创新也存在较大的不确定性,具有一定的风险性与破坏性,隐含着社会或伦理风险。而科技政策作为政府引导、激励与规制科学研究、技术开发及其他各项创新活动的重要工具,其制定和实施需要遵循技术创新的规律、特点和内在机理。当前,技术创新在全球范围内已经历了线性范式(创新范式1.0)、创新体系(创新范式2.0),开始进入创新生态系统(创新范式3.0)。相应的,科技政策也开始往3.0时代发展,具体表现为强调不同政策之间的宏观协调和整合,重视需求面政策的应用,更加注重对创新绩效的科学、全面测量,注重系统变革转型和更具前瞻性等。这对科技政策的制定、实施和评价也提出了新要求,关于科技政策的新研究范式也正在逐步形成。

从中国科技政策发展过程的视角来看,其主要经历了三个阶段。一是1985年科技体制改革。1985年科技体制改革将政策目标从创造知识转变为创造价值,明确提出科技要为经济服务,采用的政策工具主要是激励机制,执行客体基本上限于科技界。二是1998年之后的改革。1998年之后的改革在政策目标上除了创造价值,还特别提到了国家的位置,无论是国家创新系统,还是一流大学的建设,都跟这一目标有关。虽然当时也提出技术创新体系,但实际上政策的执行客体主要还是在科技和教育界。三是2006年之后的改革。《国家中长期科学和技术发展规划纲要(2006—2020年)》发布实施后,我国技术创新发展进入快速赶超的重要阶段,政策目标进一步升级,政策工具进一步多元化,政策过程从主要由科技管理部门组织到需要多部门参与和协调,社会、公众的参与度也有所提高，执行客体上明确提出企业是技术创新的主体，从而整个政策的过程发生了本质上的变化（见表2-2）。

表2-2　　　　　　中国技术创新相关政策的演变过程

类别	1985年科技体制改革	1998年之后的改革	2006年之后的改革
政策目标	创造知识≥创造价值	创造价值+国家地位	创造机制+国家地位+创造知识
政策工具	激励机制	激励机制+强制	激励机制+强制+宣传
政策过程	政策精英	政策精英	政策精英+政府多部门+社会+企业
执行客体	科技界	科技、教育界	企业+科技教育界+金融+……

资料来源：薛澜：《科学政策、技术政策、创新政策的联系及演变——政策过程的视角》，"科技创新政策体系建设"研讨会交流材料，清华大学，2013年10月。

其中，第三阶段是我国技术创新发展的快速发展阶段，也是科技政策的密集出台时期，体现了新时期我国科技政策的鲜明特点，同时决定了此后相当长一段时间我国科技政策的发展走向。总体来看，政府部门的科技政策措施更加密集和多元，政策全面且力度大，政策范式呈现明显变化，也体现了中国的政策国情与现实特征。具体表现为：第一，在政策着力点上，环境面政策被提到突出位置，从注重政策优惠逐渐向营造健康环境、消除制度障碍转变。其中，针对企业这一重要创新主体，特别强调通过多元化政策营造良好环境带动企业创新能力建设，着力解决长期存在的企业技术创新能力薄弱、尚不能真正成为技术创新主体等一系列问题。第二，在政策手段上，强调发挥税收优惠、财政补贴等激励性政策作用的同时，更加注重规制性政策（如打破制约创新的行业垄断、改革产业监管制度、实行市场准入负面清单等）的作用，手段更加多样化、更加平衡。此外，更加注重政策的普惠性、可操作性、政策工具的集成与组合运用，以及政策与国际规则的衔接。第三，在政策协调上，注重科技政策的宏观统筹协调，强化中央与地方政策的上下联动以及相关部门间的政策协调，以及科技政策与财税、金融、投资、产业、贸易、消费政策间的衔接配套，加快建立政策协调审查机制，政策协调的层级明显提升，力度不断加大。第四，在政策制定上，扩大企业在国家科技创新决策中的话语权，允许企业参与国家科技创新规划、创新政策和技术标准等的研究制定，并积极发挥科技界和智库对科技创新的决策咨询作用，提高公众参与度，政策制定的科学化、民主化程度得到提升。

第三节　创新绩效的影响因素及评价方法

一　创新绩效的影响因素

技术创新是一个复杂的活动和过程，因而不可避免地受到多种因素的复合影响。Kolluru 和 Mukhopadhaya（2017）将影响技术创新的因素划分为企业内部因素、企业外部因素和情境因素。企业内部因素主要指企业一般特征，包括企业规模、企业年龄、R&D 投入、产权性质、企业文化和发展战略等；企业外部因素包括竞争环境、出口和国际化等；而情景因素主要是合作、网络和信息来源，政府政策和规定等。Rogge 和 Reichardt（2016）则建议从政策元素（政策战略、政策工具）、政策过程（制定和实施）和政策特征（一致性、一贯性等）构成的框架下通过不同维度（政策范围、政策层次、区域及时间）分析政策组合（policy mix）和技术变革的相互影响，其中，政策工具包括 R&D 经费直接补贴和间接补贴等。由于技术创新受到多种因素的综合影响，本书在现有研究的基础上，从企业内部因素（企业规模、产权性质、企业年龄、融资约束、公司治理）、外部因素（外部环境、政府支持）、其他因素视角进行分析。

(一) 企业规模

企业规模影响创新绩效,但不同学者的研究结果并不一致。第一种观点认为企业规模越大,创新绩效越好,原因是大企业的优势不仅在于资金实力雄厚,通过规模经济提高资源利用率(Wallsten,2000),而且随着企业组织规模扩大,风险承担能力提高(Vossen,1998),能组织开展精细化的专业分工和生产,使政府研发资助更易得到相应的配套补充,提高创新效率(白俊红,2011)。第二种观点认为规模小的企业组织结构简单,市场反应速度快,具有行为优势(Datar 和 Kekre,1997)。第三种观点则认为企业规模对创新绩效无影响,如 Jefferson(2006)利用中国企业面板数据对企业规模的影响进行了研究,结果表明企业规模和市场集中度对研发支出强度并没有显著影响。

(二) 产权性质

由于国有企业目标具有多重性,如就业、社会稳定、地方经济发展等,为了实现政治或社会目标,国有企业能够获得更多的政策支持,因此国有企业在获得创新资源和信息上优于民营企业,正向促进创新绩效(刘和旺,2015)。而杨洋(2015)则认为相较于国有企业,民营企业在实施创新活动和战略时拥有更大的自主权和灵活性,提高了对政府支持的利用效率,产生更好的创新绩效。

(三) 企业年龄

王一卉等(2013)通过实证分析发现科技政策对年龄较小的企业创新绩效的促进作用更好,认为年龄较大的企业经验更丰富,主要以市场为主导,且其创新活动更具计划性和稳定性,受政府的影响相对较小。

(四) 融资约束

企业创新活动受到较为严重的融资约束,创新资金主要源于企业内部资金(Hall,2002)。有研究表明,营运资本能够有效缓解财务波动,从而保证企业创新投资的持续开展,风险投资与技术创新能力之间有正向的相关关系,企业融资约束与创新绩效之间存在显著的倒"U"形关联(孙博等,2019)。

(五)公司治理

部分学者从高管团队特征出发,发现高管团队权利不对等、高管过度自信与企业创新强度的关系,以及这种影响在企业异质性影响下的差异(卫旭华等,2015);另有学者从上市公司治理情况,即股权结构、行业特征、高管薪酬等方面研究对企业创新投入的影响,发现健全的外部市场环境也能显著作用于企业的创新绩效(鲁桐和党印,2014)。

(六)外部环境

Clausen(2010)发现市场导向的创新战略和技术机会与企业创新持续性关系更大。Suarez(2014)研究发现宏观的经济体制发生变化时,企业因为动态创新开展的知识和经验积累,增加了企业的创新持续概率,市场需求和技术机会也是影响企业创新持续性的重要因素。

(七)政府支持

李培楠等(2014)将人才资本、内部资金、外部技术、政府支持等要素视为一个创新系统来评价要素与绩效之间的相互影响,认为政府支持与产业创新绩效具有正U形关系。袁建国等(2015)将企业政治资源的"诅咒效应"应用到创新机制中,认为政治关联对创新具有挤出效应。

(八)其他因素

Antonelli等(2012)发现员工工资、市场竞争强度等对企业创新产生影响;Triguero(2013)认为外资参与等也会影响企业创新。谭俊涛等(2016)认为区域创新基础、产业集群环境、产学研联系质量、技术溢出效应等对区域创新绩效具有不同程度的影响。

二 创新绩效的评价方法

创新绩效是一项复杂的系统工程，涉及创新投入、产出以及创新业绩等多个环节。从现有文献来看，国内外学者对创新绩效的评价方法主要有两种：一种是利用投入产出相关指标测度创新绩效；另一种是投入产出效率评价创新绩效。

（一）利用投入产出相关指标测度创新绩效

大部分学者选取特定指标测度创新绩效，主要包括创新投入和创新产出两方面，创新投入主要以 R&D 经费投入为主，创新产出一般集中在新产品和企业专利方面。这类研究关注的是创新数量的增加。

1. 创新投入指标

大部分研究将 R&D 经费投入作为企业创新绩效的代理指标，因为 R&D 程度直接影响着企业创新的水平。具体主要有两种指标，一是创新资金的投入与营业收入或总资产的比例；二是创新人员的投入与企业总员工数量的比例。肖兴志（2014）利用我国战略性新兴企业的 R&D 经费投入，研究了企业的技术创新能力；翟淑萍和毕晓方（2016）则对企业的研发经费投入进行资本化和费用化的区分，用资本化投入衡量开发式的创新活动，用费用化投入衡量探索式创新活动。

2. 创新产出指标

学者大多选用新产品销售收入（Guan 和 Pang，2017）或新产品销售收入与销售收入总额的比值（Wang 和 Kafouros，2009）、专利申请数量（易靖韬等，2015）测量企业创新绩效。李培楠等（2014）则将产业技术创新过程分为技术开发和成果转化两个阶段，以发明专利数代表创新成果的产出绩效，以新产品销售额代表创新成果转化或产业化的绩效，研究创新要素和创新绩效之间的关系。

3. 其他指标

向刚等（2011）从经济效益、科技效益、社会效益、环保效益四个方面综合评价创新绩效；Gemünden等（1996）将技术创新分为产品创新和工艺创新两个维度，其中，产品创新包括市场成功率、产品改进、新产品开发三个指标；工艺创新包括生产力提高，劳动力成本减少，资源消耗减少等方面的指标。

（二）投入产出效率评价创新绩效

投入产出指标能够反映企业创新的投入产出数量，但无法体现创新绩效的综合效果。倘若企业创新效率较低，创新投入的一味增加只会导致资源的浪费，因此，创新效率显得尤为重要（樊琦和韩民春，2011）。

创新效率的评价主要有两种方法，一是以计量经济学和随机边界法为基础的参数方法；二是以数据包络分析以及指数法为基础的非参数方法。不同文献由于研究对象、研究方法以及研究目的不同，选择的投入产出指标有差别，投入指标多采用创新人力资本投入、创新资金投入等，产出指标主要有专利申请量、产品总产值、新产品销售收入、GDP等。如Gong和Wang（2004）的研究中投入指标采用科技人员全时当量、研发人员全时当量、科技活动人员数、科技活动支出、研发支出、财政科技支出的比重、金融贷款比重，产出指标采用新产品销售额、新产品利润率、专利申请量等。梅建明和王琴（2012）从财力和人力两方面构建投入指标，以经济效益和科技成果两方面构建产出指标，通过数据包络分析法评价创新绩效。

第四节 科技政策组合与创新绩效

科技政策与创新绩效的研究中，大多以投入、产出这类数量指标衡量创新绩效，而科技政策实施效果不仅要注重创新产品及服务数量的增加，更要注重质量的提升。下面将从创新数量以及创新质量两个维度展开。

一 政府补贴与创新绩效

(一) 政府补贴与创新数量

政府补贴与创新数量的关系研究，主要从政府补贴对创新投入以及创新产出的影响开展。

1. 政府补贴对创新投入的影响

学术界关于政府补贴对企业创新投入的作用研究存在着很大的争议，主要集中在对企业技术创新究竟是产生了激励效应还是挤出效应，抑或是无效应。

激励效应。首先，资本市场的不完善以及创新活动的高风险及不确定性，导致企业面临严重的融资约束，从而抑制企业的研发投入意愿并阻碍技术创新活动。政府补贴有助于缓解企业的融资需求，分散企业技术创新活动的风险，提高企业的创新投入及产出（González 和 Pazó，2008；Guo et al.，2016；Luo 和 Sun，2020）。其次，政府补贴直接降低了企业的边际成本，增加了企业创新活动的收益预期，鼓励企业增加研发投入，进而提升企业的创新水平及回报（陆国庆等，2014；alecke et al.，2012）。如图 2-1 所示，t_0 为补贴之前企业的研发支出，t_1 是得到政府补贴之后的研发支出。激励效应就是在受到补贴之后，企业的净研发支出随之增加，即额外性，最终刺激企业增加研发投资。

挤出效应。第一，由于研发活动具有高度的不确定性，导致研发企业和政府之间存在严重的信息不对称。这就可能造成企业在申请补贴时存在事前逆向选择和事后道德风险的问题。如果政府缺乏有效的补贴甄别机制，则会导致企业向政府释放虚假信号以达到骗取补贴的目的，从而严重削弱政府研发补贴的激励效应（安同良，

2009）。第二，对于一些具有高预期资本回报率的企业研发项目，通常被企业内部资金所青睐，而政府研发补贴的实施实际上挤出了企业自有研发资金，或者由于政府研发补贴计划的存在，吸引企业只去申请计划内的研发项目，而放弃了其他可能更有价值或社会效应的投资机会，政府补贴使企业取消了原本打算实行的项目，挤出了技术创新的投资（Montmartin et al., 2015; Marino et al., 2016）。第三，由于政府研发补贴分配与监管制度的不完善，高额度的补贴更能滋生企业积极的寻租行为，高昂的寻租成本挤出了企业的研发投资，导致了企业较低的创新规模（任曙明和张静，2013）。如图 2-1 所示，得到政府补贴之后，企业自身的净研发支出减少，最终导致企业的总研发支出等于补贴之前的研发支出（完全挤出），或者企业净研发支出减少，但总研发支出大于补贴之前企业的净研发支出（部分挤出），即挤出效应。

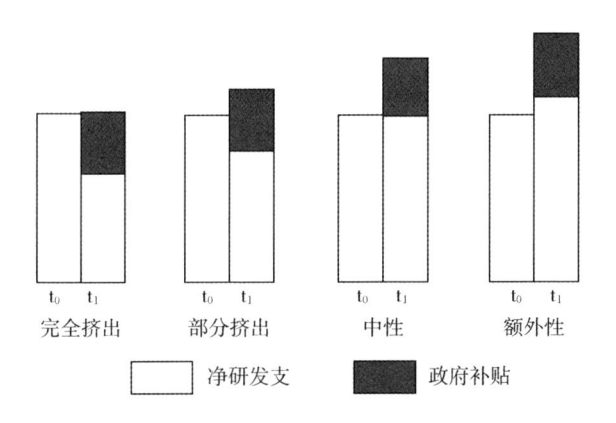

图 2-1　研发补贴效应

资料来源：Dimos, C. and Pugh, G., "The Effectiveness of R&D Subsidies: A Meta-Regression Analysis of the Evaluation Literature", *Research Policy*, 2016, 45 (4): 797-815。

无效应。另有一种结果是政府补贴对企业研发的影响是无效的，认为政府补贴对企业的净研发支出没有影响。Nishimura 和 Okamuro

(2011)、Karhunen 和 Huovari（2015）等的研究就认为政府补贴对企业创新并没有产生显著的影响。

2. 政府补贴对创新产出的影响

在政府补贴对企业创新产出的影响方面，Alecke 等（2012）分析了德国的政府补贴对创新绩效的影响，发现政府补贴使企业研发强度从 1.5% 增长到 3.9%。但另有研究认为 R&D 补贴对企业自主创新的正面影响存在一定的不确定性，R&D 补贴对企业 R&D 投入的激励效应是显著的，但对专利产出的激励效应却不显著（王俊，2010）。在上述研究的基础上，学者进一步分析产生分歧的原因，部分学者从结论出发，在线性研究基础上，发现政府补贴与企业专利产出呈倒"U"形关系（林洲钰等，2015）；部分学者从对创新影响的结果出发，认为政府补贴对企业新产品创新的影响有一个适度区间，适度的补贴才能显著激励企业新产品创新（毛其淋和许家云，2015）；另有部分学者将创新绩效进行细分，认为 R&D 政府资助对专利产出尤其是发明专利产出存在显著正效应，对实用新型专利和外观设计专利产出影响不显著（张凤兵和王会宗，2019）。

由此可见，政府补贴对企业创新投入及产出的作用研究并未得到一致的结论。政府补贴对创新投入是激励还是挤出或是无效的，对创新产出是倒"U"形、无作用还是刺激作用，这些都需要一个更为系统、深入的研究。

（二）政府补贴与创新质量

随着研究的深入，仅仅研究政府补贴对企业创新投入或是创新产出的影响已经无法满足政策制定过程中的要求，这就需要综合性、系统性地判定科技政策对企业创新投入—产出的影响。

1. 政府补贴与创新质量正相关

政府资金作为一种公共性投入，可以快速地进行知识扩散，有助于弥补企业创新资金不足的问题，吸引研发人员，推动企业购买研发技术以及设备等，刺激企业提高研发的积极性（白俊红和李婧，2011），助推企业创新效率的改善。

2. 政府补贴抑制创新质量的提升

政府补贴能够缓解企业创新的融资约束等问题，分散研发的风险，从而刺激企业的创新积极性，激励企业增加研发投入（Hong et al.，2016）。但是，政府对补贴企业制定了一系列的考核指标，企业为了完成这些指标，会将主要精力侧重于完成任务，而不是进行实质性的创新活动（叶祥松和刘敬，2018）。政府在资源分配以及资金安排上对特定创新活动的过度倾向，严重扭曲创新资源配置（肖文和林高榜，2014）。此外，政府补贴也会导致短期研发所需的资源价格上涨、成本增加，挤出企业原有的研发投入，反而无法实现政府补贴的预期效果。Goolsbee（1998）认为，创新投入中有很大一部分用于支付科研人员的工资，对研发活动质量的改善缺乏贡献。Wallsten（2000）的研究认为，政府补贴会导致人为地提高技术创新过程的成本，致使一部分没有得到政府补贴的创新项目变得无利可图，使技术创新的整体产出水平降低，创新效率难以提高。Tsai和Wang（2004）认为，由于政府很难掌握企业创新活动的全部信息，企业逆向选择的机会主义行为可能会导致政府补贴的产出效率不及企业的自有资金的产出效率。

3. 政府补贴对企业创新质量影响不显著

政府补贴并不是创新质量提升的真正动因，政府补贴在实施的过程中容易产生寻租行为，使政府补贴的实施效果远远达不到最优水平，对创新质量的影响是无效率的（Bergström，2000；张帆和孙薇，2018）。

二 税收优惠与创新绩效

（一）税收优惠与创新数量

作为激励企业创新的重要政策之一，税收优惠在世界各国得到了广泛的应用。大量学者就税收优惠对企业创新的影响进行了研究，研究结果也大相径庭。

激励效应。税收优惠主要通过研发支出税前扣除、加速折旧、所得税优惠等政策，直接降低企业的研发成本，激励企业增加研发投入（Kobayashi，2014；黄惠丹和吴松彬，2019；Atanassov 和 Liu，2020），增加专利申请数量及新产品销售收入（Czarnitzki et al.，2010；Mukherjee et al.，2017；Tian et al.，2020）。Jia 和 Ma（2017）发现研发的成本降低10%，则企业短期内研发投入将增加3.97%。随后，学者将税收优惠进一步细分，认为研发费用加计扣除、研发费用加计扣除与税率优惠并用、税率优惠三种优惠方式的激励效应依次递减（程瑶和闫慧慧，2018）。韩仁月和马海涛（2019）则发现不同的税收优惠政策对企业研发投入的影响程度不同，其激励效应的强弱程度依次为：研发费用加计扣除、税率优惠、固定资产加速折旧，并且多种政策同时实施对企业的积极影响相互抵减，建议增加直接优惠的力度，扩大优惠税率的适用范围；使税收优惠政策成为激励企业创新的普惠性的政策；而企业则应该关注多种税收优惠政策的合理搭配，避免政策之间的抵减效应。

抑制效应。另外一些实证研究却为抑制论观点提供了支持，即税收优惠并不能促进企业创新（Howell，2016）。Bloom 等（2002）对9个经济合作与发展组织成员国的研究表明，政府通过税收优惠使企业的研发成本下降10%，企业的研发投入在短期内只能增加1%左右，在长期内的增加比例也不超过10%。类似的，孔淑红（2010）以2000—2007年我国30个省、市、自治区的面板数据为基础的实证研究表明，税收优惠总体上对企业创新没有起到明显的促进作用。有学者试图运用挤出效应来解释税收优惠对于企业创新的抑制作用，认为政府对低技术产品的税收优惠挤出了企业对高技术产品的投资，因此，减少对低技术品的税收优惠（如降低出口退税率），可以促使企业更多地投资于高水平的技术创新活动，向技术密集型企业的方向发展，从而推动我国产业转型升级（袁建国等，2015）。进一步的，学者分析认为这主要是由我国当前税收优惠力度不足、落实不到位的现状导致的，提出应加大对技术创新的税收减免和对风险投资的优惠，提高技术创新资金积累（袁建国等，2016）。政府与企业间信息不对称引起企业主观避税、操纵研发（杨国超等，2017），技术创新过程中风险分担不当等，都会导致税收优惠激励效应的发挥。

（二）税收优惠与创新质量

部分研究认为，税收优惠与创新效率正相关。其原因表现在税收优惠可以减少企业的应纳税额，某种程度上可以降低创新成本（陈东和法成迪，2019）。另外，依据信号理论，税收优惠政策可以向社会发出一种利好信号，解决企业的融资难题，有利于企业得到更多的创新资金，有效解决或者避免企业创新过程中的资金困境（石绍宾等，2017）。卢方元和李彦龙（2016）基于我国高技术产业2003—2014年的省级数据，利用随机前沿分析方法研究了税收优惠对高技术产业研发效率的影响，结果发现税收优惠对研发效率具有显著的正影响，并且这种效果会受到企业规模、研发投入和地区等因素的影响。

另有部分研究认为税收优惠对创新效率的提升并没有明显的积极作用，反而会抑制企业创新效率的提高（Cowling，2016）。Beason和Weinstein（1996）基于日本的税收优惠政策分析了其对部门生产效率的影响，认为税收优惠对部门规模收益以及全要素生产率均没有明显的积极作用。其原因在于，税收优惠政策作为一种事后激励举措，更关注的是企业创新后期成果转化阶段的产出，而对创新前期研究与开发等环节并不能及时地提供帮助。所以，与事前激励措施相比，税收优惠对创新的引导作用就显得薄弱，甚至在一定程度上，税收优惠会导致企业把这部分节省下来的资金运用到其他周期更短、收益更高的项目上，而挤出那些风险较高、周期较长、成本较高的研发项目,导致创新效率低下(张俊瑞等,2016)。

三 政府采购与创新绩效

作为科技政策之一的政府采购一直被忽视或淡化,直到20世纪70年代有关政府采购与技术创新关系的实证研究才开始出现并得到广泛追捧。波特(1990)指出政府采购可以从以下几个方面提升国家优势:一是提供先进新产品和服务的早期需求;二是引导政府成为严格且富有经验的买家;三是促进创新,鼓励竞争。与此同时,欧洲国家的政策制定者逐渐意识到政府采购对于技术创新越来越重要。在创新产品和服务的总需求中,政府采购占据着很大的比例,例如在欧盟,对于创新的政府采购支出占到欧盟15国GDP总量的16%。

政府采购作为需求方的政策工具,其相关研究已经得到了一定的发展。政府采购可以通过有效识别、精确表达以及成功整合个体需要,有效地解决创新过程中由于信息不对称出现的市场失灵,以及由于使用者、生产者缺乏互动导致的系统失灵问题(Smits,2002)。此外,政府采购可以提供新产品及服务的政府需求(Mowery和Rosenberg,1979;Bleda和Chicot,2020),同时,建立起先导市场(Von Hippel,1986),在新产品以及服务开拓市场的过程中产生示范效果(Edler和Georghiou,2007),有利于企业得到更多的第三方投资,减少市场风险以及技术风险,助推企业加速新产品以及服务的扩散及应用进程,从而对创新活动产生激励作用。Aschhoff和Sofka(2009)通过创新公共采购这一需求侧政策工具与其他政策工具的对比分析,包括规章、知识溢出、研发补贴,发现创新公共采购对创新的驱动力更强,对创新公共采购的研究做出较大贡献。

中国对政府采购创新激励功能的认识经历了一个从无到有、逐步深化的过程。长期以来,政府采购工作都围绕着提高公共资金使用效率这一核心目标,并将资金节约率作为评价政府采购工作绩效的主要标准,从而忽视了政府采购的创新激励功能。2003年开始实施的《中华人民共和国政府采购法》规定了政府采购应在"保护环境、扶持不发达地区和少数民族地区、促进中小企业发展"等方面发挥积极作用。2006年,中国政府确立了提升自主创新能力、建设创新型国家的战略目标,并在《国家中长期科学和技术发展规划纲要(2006—2020年)》及《实施〈国家中长期科学和技术发展规划纲要(2006—2020年)〉的若干配套政策》中正式提出将政府采购作为推动自主创新的重要政策工具。当前的中国政府采购制度规定,政府采购行为主要发生在企业技术成果的商业市场化阶段,在企业条件相同的情况下,优先采购自主创新产品。由科技部与综合经济部门专门设立了一套自主创新产品的认证制度、标准和体系,以确保政府采购制度的规范性和有效性。政府采购价格主要由政府实际需求、招标情况及财政部门意见、市场竞争、产品创新的科技含量、相关替代品的价格、谈判效果等因素决定,理论上不低于市场价的60%。此外,在政府采购国外产品的过程中,需优先采购对本国企业技术创新有正面作用的产品、技术和服务。

王铁山和冯宗宪(2008)深入剖析了政府采购推动企业创新的内在机理(见图2-2),认为政府采购从企业内部推力和社会外部拉力两个方面促进了企业创新。企业内部推力表现为政府采购有利于企业解决创新过程中的资金、风险等方面的问题;社会外部拉力表现在政府采购在全社会范围内会起到导向作用,进而对市场需求以及产业竞争状况产生影响。刘凤朝等(2017)将中国中小企业的政府采购作为虚拟变量,运用倾向得分匹配法分析了中国政府采购对企业R&D投入的作用,并得出政府采购对R&D投入具有激励作用的结论。苏婧(2017)认为政府采购通过吸引投资者关注提高创新绩效。邓翔(2018)则认为政府采购通过缓解融资约束来促进创新发展。Francesco和Dario(2019)认为政府采购可能代表了一种有效的产业政策工具，以刺激创新活动，塑造生产体系的转型，并促进产业更新。

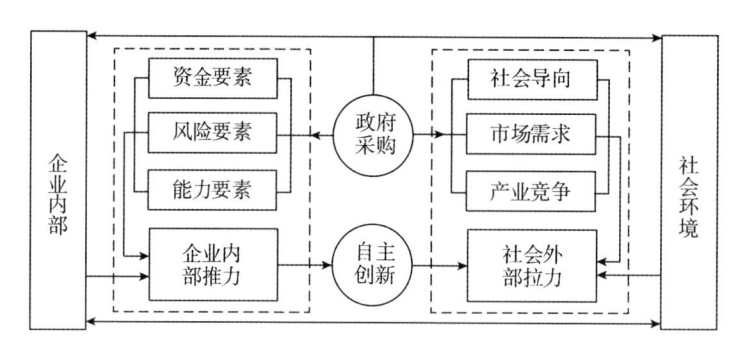

图 2-2　政府采购对自主创新的激励机制

资料来源：王铁山、冯宗宪：《政府采购对产品自主创新的激励机制研究》，《科学学与科学技术管理》2008 年第 8 期。

总之，相关研究在理论分析的基础上，学者通过案例、实证分析等方法研究了政府采购对创新的作用，并得出结论：政府采购对创新绩效具有显著的激励作用（Peters，2012；Bakirtaş 和 Aysu，2017；Ghisetti，2017；Saastamoinen，2018）。

政府采购与创新绩效的研究中，大部分研究认为政府采购可以刺激企业增加创新数量，但对创新质量的影响有待进一步探索。

四　科技政策组合与创新绩效

随着研究的深入，很多学者对单一政策研究提出质疑，企业可以同时获得多项政策支持，如果不控制其他的政策工具，仅对单一政策效果进行估计，可能会导致潜在偏差（Guerzoni 和 Raiteri，2015；Dumont，2017）。因此，相关研究应考虑科技政策之间的相互作用，关注科技政策组合（见表 2-3）。

部分学者对多项政策的创新效应进行了研究，Hægeland（2007）

发现了政府补贴和税收优惠在企业层面的互补性和创新层面的替代性。刘小元（2013）认为政府补贴、税收优惠均对企业创新具有激励作用，陈远燕（2016）发现中国的财政和税收激励对 R&D 投入有互补作用，财政补贴比税收激励更有效。马文聪等（2017）发现直接补贴、直接税收激励和间接税收激励对企业研发投入均具有显著的激励作用，且直接税收优惠的作用最强。Aschhoff 和 Sofka（2009）认为在创新公共采购、补贴、知识溢出、规章制度中，需求侧创新公共采购政策、知识溢出对技术创新的激励效果明显。Montmartin（2018）发现法国的政府补贴是唯一能够产生显著激励效应的工具，税收抵免、地方补贴、欧洲补贴产生了以邻为壑的效果。Fernández-Sastre（2019）研究发现创新公共采购不会激励企业投资于研发活动，而参与创新支持项目可以；此外，这两种政策组合对企业研发决策没有产生重大影响。Deng 等（2019）认为在促进药品生产企业创新方面，知识产权保护与政府补贴之间的互补效应仅存在于东部和西部地区。Víctor 等（2020）发现企业同时得到研究资助、担保资金和税收优惠时对创新活动的激励作用更强。

上述研究虽考虑了多项科技政策，但在操作中只是研究了两种或是三种科技政策分别对企业技术创新的影响，并未对政策之间的相互作用以及政策的组合效应进行深入分析。少数考虑政策组合效应的研究中，朱平芳（2003）发现政府拨款资助与税收减免互为补充、互相促进，并且这一效应以政府税收减免为主。Guerzoni 和 Raiteri（2015）通过设置不同的政策变量，研究政府补贴、税收优惠、政府采购的单一形式、两项政策及三项政策同时支持对企业创新的影响，结果发现政府采购对企业创新的激励效应强于政府补贴、税收优惠，并且多项政策组合比单一形式的激励效果更强。Dumont（2017）用同样的思路发现不同的政策工具组合效果不同，多种政策组合会降低政策对研发激励的有效性。Kalcheva 等（2018）以医药行业设备保险报销为外生事件，通过三重差分方法研究了供给侧环境、需求侧冲击对创新的作用，发现供给侧环境越好，需求侧政策对创新的影响越强，证明了需求与供给的相互作用影响创新。韩仁月和马海涛（2019）将税收优惠分类为固定资产加速折旧、税率优惠以及研发费用加计扣除，结果表明不同的税收优惠政策对企业 R&D 投入的正向影响程度不同，多种税收优惠政策同时支持对企业的正向影响相互抵减。

表 2-3　　　　　　　　科技政策组合相关文献梳理

作者	科技政策组合	主要结论
Hægeland（2007）	政府补贴、税收优惠	政府补贴和税收优惠企业层面的互补性和创新层面的替代性
朱平芳（2003）	政府资助、税收优惠	政府拨款资助与税收减免相互促进、互为补充，并且这一效应以政府税收减免为主
陈远燕（2016）	政府补贴、税收优惠	中国的财政和税收激励对 R&D 投资有互补作用，财政补贴比税收激励更有效
马文聪等（2017）	直接补贴、直接税收和间接税收激励	三种科技支持对研发投资具有显著的激励作用，且直接税收优惠的效应最强
Guerzoni 和 Raiteri（2015）	政府补贴、税收优惠、创新公共采购	需求侧创新公共采购对创新激励效果更强
Kalcheva 等（2018）	供给侧环境、需求侧外生事件	供给侧环境越好，需求侧政策对创新的影响越强
Dumont（2017）	税收优惠、政府补贴	不同的政策工具组合作用结果不同，当企业同时受益于不同的方案时，特别是当企业将补贴与多种税收优惠相结合时，研发支持的有效性下降
韩仁月、马海涛（2019）	研发费用加计扣除、税率优惠及固定资产加速折旧	不同的税收优惠政策对企业 R&D 投入的正向影响程度并不相同，多种税收优惠政策同时支持对企业的正向影响相互抵减
Fernández-Sastre（2019）	政府采购、创新项目	政府采购不会激励企业投资于研发活动，而参与创新支持项目可以；此外，这两种政策工具的组合对企业研发决策没有产生重大影响

第五节 科技政策组合、研发投入与创新绩效

科技政策组合激励企业增加研发投入。基于资源基础观，企业为了获得可持续性竞争优势，会倾向于技术创新，通过研发获得差异化产品，以提高自身的竞争优势。由于信息不对称使投资者对企业信息了解不全，导致投资者对企业的投资有限，企业研发资金不足，R&D 活动受到束缚。同时，R&D 活动往往具有高风险以及不确定性，企业抗风险能力差，往往会导致企业回避 R&D 投入（Brandt 和 Li，2003）。科技政策组合能够在很大程度上减轻企业在资源等方面的压力（陈爽英等，2010），能够有效地解决创新活动中的市场失灵，推动企业积极有效地进行 R&D 活动（Smits，2002）。具体来说，政府补贴需经过政府筛选，挑选赢家对企业投入资金支持，因此，获得政府补贴代表企业良好的创新能力及发展前景，可以向社会发出企业良好发展的信号，减轻信息不对称，吸引投资，增加研发资金（Guo et al.，2016）；税收优惠可以降低企业创新的税收负担，降低创新成本，增加预期收益，推动企业增加研发投入（Czarnitzki et al.，2007；Olena et al.，2021）；政府采购对企业的产品及服务提出技术等方面的要求，一定程度上可以降低企业的技术风险和市场风险，这样就从客观上影响企业创新活动的方向。此外，政府监督和管理企业 R&D 活动的产出也会提高企业的竞争力和创新能力（Edler 和 Georghiou，2007）。科技政策组合不但从内部推动企业创新，也会通过社会外部拉动发挥导向作用，直接或间接地带动企业增加研发投入（Uyarra 和 Flanagan，2010；Cozzi 和 Impullitti，2010）。

研发投入与创新绩效。为了获得核心竞争力，企业需要不断进行创新，研发创新可以让企业获得新知识、新技术以及新生产能力，在此基础上，企业可以生产新产品，进而提升企业效益。所以

研发是推动技术进步、优化生产结构、保持经济发展的重要因素。关于研发投入对创新绩效的影响，部分研究认为研发投入对创新绩效具有显著的激励作用，如 Areti 等（2017）以希腊制造业企业数据为样本构建模型，得出企业内部投入对企业创新绩效产生积极影响的结论。Zhu 等（2019）通过多元回归分析得出结论，研发投入对创新绩效起显著正向作用。部分研究认为研发投入与创新绩效负相关，如袁小宇（2019）以制造业企业为例，发现研发经费投入与创新绩效显著负相关，他认为制造业企业用大量研发经费购买技术和专利，短期能提升创新绩效，但长此以往会令企业失去原创能力，最终抑制创新水平的提升。另有部分研究则认为研发投入与创新绩效是非线性关系，研发投入通过规模效应和机会成本效应影响企业创新绩效，使两者关系呈现非线性特征（梅冰菁和罗剑朝，2020）。

研发投入在科技政策与创新绩效之间起中介作用。科技政策促进企业增加研发投入，而研发投入的增加有利于创新绩效的提高，即科技政策通过研发投入对创新绩效产生影响。Lee 和 Hwang（2003）认为政府支持对企业的自主研发行为具有积极影响；Griffith（2000）、朱平芳和徐伟民（2003）认为科技政策对企业创新有显著的影响，并且当技术溢出效应足够大时，相较于非合作研发，合作研发更能推进 R&D 投入，进而提升生产效率。

因此，研发投入具有传导性质，能够在科技政策组合与创新绩效的关系中发挥中介作用，但在相关文献梳理的基础上可以发现，相关研究并未区分研发模式。

研发是企业获取技术的主要方式，研发模式指的是企业在研发活动中所采取的策略选择。对研究者以及企业政策制定者来说，理解研发模式与企业水平与创新系统因素间的关系是一个重要问题。现有的实证分析中，通常把企业研发模式看成是企业获取技术的模式。依据企业研发技术的来源，一般将研发模式分为外部研发、内部研发两类（Roper 等，2002；Piga 和 Vivarelli，2004）。此外，也有部分学者运用其他的分类方法对研发模式进行分类，构成了三类分法、四类分法等，如 Lee 和 Om（1994）从自制或购买这两种方式将企业的研发模式划分为自制、购买、自制和购买并行、为自制而购买四类；Steensma 和 Fairbank（2001）从企业边界角度进行划分，认为取得技术方式包括内部研发、购并公司、技术购买、合作研发、研发联盟等形式；Abel Lueena（2005）认为，取得技术方式有内部研发、合作研发以及技术购买三种。崔雪松和王玲（2005）则认为企业的内部技术获取主要包括内部研发和内部整合，外部技术获取则包括外包研发、合资、收购、技术许可和购买设备。

综上所述，企业的研发模式可从组织边界、技术获取过程涉及方以及技术来源等方面划分。实际上，上述学者的分类在某种程度上是一致的，比如委托研发、合作研发、技术购买都涉及组织边界以外的其他机构，而自制以及以自制为目的而产生的研发或者内部整合都在组织内部进行。因此，本书研究借鉴 Roper 等（2002）的经典分类方法，以组织边界以及知识来源为标准，将企业研发模式分为内部自主研发以及外部合作研发。

内部自主研发指的是企业内部自行研究为了获取技术知识、增强行业技术发展，或者为了领先竞争对手而推出最新产品，从而进行的一种创新方式（宋河发等，2006）。自主研发模式往往来自高新技术的发明和应用，或者更好的管理运营方式的应用。在企业自主研发和创新绩效的关系研究中，大多数学者认为自主研发和创新绩效具有正相关关系。首先，自主研发可以帮助企业积累知识、技术等资本，推动企业产生新经验、新技术以及新知识，提高核心竞争力；其次，自主研发促使企业主动引进先进的生产设备，有利于工人工艺、设计等技能水平的提高，逐步形成规模经济；最后，自主研发有利于企业提高吸收能力，在自主研发过程中，随着培训、交流等投入的不断加大，企业消化、吸收新知识、新技术的能力也不断增强，有利于企业创新能力的提升，进而提高创新绩效（孙早和宋炜，2012）。综上，自主研发主要通过积累知识技术资本、形成规模经济、增强吸收能力等方式激励企业提高创新绩效。

外部合作研发是指企业、科研院所、高等院校、行业基金会和政府等组织机构，为了克服研发中的高额投入和不确定性，规避风险，缩短产品的研发周期，应对紧急事件的威胁，节约交易成本而组成的伙伴关系，它以合作创新为目的，以组织成员的共同利益为基础，以优势资源互补为前提，通过社会网络、契约等正式、非正式的关系治理模式，联合行动而自愿形成的研发组织体（Ge et al.，2014），完成技术改进、产品或服务创新等目标（Faems 和 Looy，2010）。已有研究认为企业合作研发主要通过资源互补、知识溢出以及技术协同等途径影响创新绩效。首先，合作研发为企业带来更多的技术、知识、人才、信息等资源，助推企业提高核心竞争力（Fritsch 和 Franke，2004）；其次，与大学、研究机构、企业等主体进行的合作研发有利于实现技术协同效应，降低研发活动的不确定性（Okamuro et al.，2011）；最后，合作研发能够为企业带来外部知识溢出，并使外部知识溢出实现内部化（Arvanitis，2012）。

在研发投入相关研究的基础上，逐渐区分研发模式，针对自主研发与合作研发进一步讨论其对创新绩效的影响，但是，科技政策组合与研发投入的相关研究还集中在科技政策与自主研发投入上，科技政策组合对合作研发投入的影响有待进一步研究。此外，不同模式的研发投入对创新绩效的影响主要围绕创新数量展开，对创新质量的关注还较少。

第六节 文献述评

目前，国内外学者研究了科技政策对于企业创新的影响，以及科技政策、研发投入与创新绩效的关系，取得了一定的成果。然而，现有的研究依然存在一些不足。

第一，通过对相关文献的整理可以发现，科技政策与企业创新的研究主要集中于政府补贴、税收优惠、政府采购等单一形式政策对企业技术创新"激励"或是"挤出"效应的评价上。然而，政府支持的形式、工具多样，政府补贴、税收优惠等科技政策并非独立存在，一家企业可以同时获得多项科技政策支持，不考虑其他政策的作用，仅分析单一政策对企业创新的影响将导致结果有偏，而目前研究对科技政策组合的关注还比较少。此外，相较于单一形式的政策支持，多项科技政策同时支持对创新的引导作用更强，科技政策相互作用会使企业对资源进行整合，汇聚、激发人才、技术、信息、资本等要素的创新活力，刺激企业参与创新的热情，提高创新数量及创新质量，而现有文献对此鲜有研究。

第二，在科技政策对创新影响的研究中，创新绩效大多以专利申请数量、专利授权数量、研发投入、新产品销售收入等数量指标衡量，而科技政策的实施效果不仅包括创新数量的增加，还包括创新质量提升。任何单一角度的研究都只评价了科技政策的部分效果，背离了政策支持的目标，缺乏政策评估的科学性。而在科技政策支持企业创新的研究中，学者大多以创新数量衡量创新绩效，对创新质量的研究较少，对创新绩效缺乏系统、全面的研究，特别是政府采购对创新质量的影响以及科技政策组合对创新质量影响的研究非常匮乏。那么，科技政策到底提高了创新数量还是提升了创新质量？不同科技政策组合对创新数量、创新质量的作用具体如何？这些问题尚没有得到较好的回答。

第三，虽有学者发现科技政策通过激励企业增加研发投入提高创新绩效，但研究中并没有区分研发模式，也没有分析不同模式研发投入在其关系中所起的具体作用。事实上，企业研发模式包括内部自主研发、外部合作研发等形式。政府补贴、税收优惠、政府采购等科技政策支持可以显著增强企业创新的信心，大大提高企业创新的参与度，促使企业增加自主研发投入，使企业在原基础上增加创新产出，实现产品的额外收益，产生创新资源投入的规模效应；同时，科技政策激发企业扩充资源、能力的意愿，激励企业在产业链以及产学研环节上加强合作，使企业在原研发产品的基础上，将一种技术应用于多个产品、多个领域，拓展创新范围，实现应用突破，提高创新绩效。但是，受研究数据等的限制，鲜有文献将自主研发和合作研发放在同一个框架下分析两者对创新数量和创新质量的影响，也鲜有文献研究不同科技政策组合促进企业自主研发投入还是合作研发投入，以及不同模式的研发投入在科技政策与创新绩效关系中所起的作用。

第四，在科技政策与创新效率的研究中，大部分研究是基于省级、行业等层面的中观、宏观数据的深入研究，但是基于微观企业数据的研究较为欠缺；此外，在科技政策与创新绩效关系的研究中，大多是基于企业特征、企业内部治理、外部市场环境等分析不同情景下的科技政策效应，尚缺乏不同经济波动背景下的政策组合效应研究。进一步的，微观企业特征、中观市场环境、宏观经济波动情境下的科技政策组合对研发投入、创新绩效的影响差异还需要更为深入、透彻的研究。

基于上述分析，本书所关注的重点是在中国情境下，科技政策组合对创新数量和创新质量的影响如何？科技政策组合对不同模式研发投入（自主研发投入、合作研发投入）的影响如何？不同企业规模、市场竞争、经济波动情境下，这些影响有何不同？不同模式研发投入在科技政策组合与创新绩效的关系之间是否存在中介作用？

第三章 理论基础与分析框架的构建

第一节 理论基础

一 资源基础观

资源基础观（resource-based view，RBV）作为战略管理领域最为重要的理论之一，有效地解释了该领域内的核心问题：在同一个产业内的企业之间存在着持续的绩效差异以及单个企业竞争优势的来源，认为企业的竞争优势是由企业内部的资源和企业使用资源的能力所决定的，强调企业资源的异质性。企业资源和能力包括企业的有形资产与无形资产，是资金、设备设施、管理能力、组织结构及信息与知识的集合体。企业凭借其异质性的自有资源和能力建立并保持竞争优势，使企业获得组织绩效。

1959年，美国经济学家 Penrose 在《企业成长理论》中指出，企业的独特性是建立在其所拥有的资源可获得或者未来可获得并具备异质性特征的生产性服务，此外，由于资源有优劣之分，内部资源的不完全流动性导致市场不完全，从而产生了不同效率的生产要素，而不同效率的生产要素又使企业获得持续的异质性资源。所以，资源基础观的构建建立在两个假设之上：一是企业拥有具备异质性特征的资源；二是资源在企业内部不具有流动性。认为企业成长的动力来自内部资源,从此开创了资源观的先河。

1984年,Wernerfelt认为资源是一个非常广泛的概念,正式奠定了资源基础观发展的基础,但没有实际建立资源基础理论,即何谓优势资源,如何判别以及如何获取等。企业内部资源作为内因是引导企业战略发展及获得利润的重要来源。资源作为企业内生要素,企业拥有的资源质量、数量、使用效率,特别是企业拥有资源的存量以及扩展积累新增资源的速度与其使用资源的方式,决定了企业的边界、范围以及经营战略的选择。企业是个性资源集合体,各企业拥有的资源千差万别,因此资源差异性是其成功的重要因素。

在上述研究的基础上,Barney(1986a)对Wernerfelt的观点进行了拓展,认为资源要素在其交易能力上存在差异。Barney(1986b)指出,具有持续的高绩效企业通常具有有价值、稀缺、难以模仿的组织文化。1991年,Barney进一步提出了有价值、稀缺性、难以模仿和组织的框架——VRIO,并指出企业之间可能会存在一些差异性或者异质性,正是这些差异性或异质性使企业获得并保持竞争优势,而公司战略管理的任务即找出、发展并配置这些与众不同的、关键的资源,实现经营回报的最大化(见表3-1)。

随后,很多学者对其进行了研究,Peteraf(1993)认为,为了保持持续性竞争优势,公司控制的资源必须同时达到四个条件,分别为企业可以依靠异质性的资源来获取租金,企业能够依靠竞争的事前限制以低于租金的成本得到优质资源,企业凭借资源的不完全流动性把租金维持于企业内部,企业依靠对竞争的事后限制维持租金。

表3-1　　　　　　　　　　RBV文献梳理

学者	主要观点
Wernerfelt(1984)	资源是个宽泛的概念,品牌、技术、机器、优秀的员工等都是;兼并和收购可以帮助企业获得资源。首次明确提出了资源基础观,强调企业内部资源对于企业获利并维持竞争优势的重要意义

续表

学者	主要观点
Barney（1986a）	资源要素在其交易能力上存在差异
Barney（1986b）	具有持续的高绩效企业通常具有有价值、稀缺、难以模仿的组织文化
Barney（1991）	进一步提出了有价值、稀缺性、难以模仿和组织的框架——VRIO，而公司战略管理的任务即找出、发展并配置这些与众不同的、关键的资源，来实现经营回报的最大化
Peteraf（1993）	为了保持持续性竞争优势，公司控制的资源必须同时达到四个条件，分别为资源的不完全流动性、事前限制、事后限制、资源的异质性
Teece（1997）	企业的竞争优势在于企业应变外部环境的动态能力。在资源基础观基础上，引入了动态能力概念
Sirmon（2007）	资源的利用可以通过结构化的组织要素、控制系统和集成来实现
Kotabe（2017）	指出早期研究忽略了从政府获得的外部资源。在开放的环境中，组织必须与外部资源控制者进行交往互动，处理好外部关系

随着研究的深入，也有部分学者对资源基础观提出了不同的意见。Teece 等（1997）指出，资源基础观过于单调，因此从静态视角分析了竞争的动态能力论，指出企业真正的优势在于具有不断更新其核心资源的能力，动态能力观由此诞生，并发展和继承了资源基础观。Sirmon 等（2007）认为资源的利用可以通过结构化的组织要素、控制系统和集成来实现。因此，如果没有适当的过程，这些资源仍然不足以创造竞争优势。Kotabe（2017）指出早期研究多将外部资源当成是来自伙伴、供应商、竞争对手的资源，或者是科学家与工程师的人员流动，而忽略了从政府获得的外部资源。

资源基础理论为企业的长远发展指明了方向，资源基础观强调资源的有价值、稀缺、难以模仿、难以替代性，正是这些异质性资源使企业获得长期的竞争优势。企业若想获得长期发展，必须获得核心竞争优势，必须掌握关键、高端技术，投入技术创新，通过技术创新活动获得创新产品或服务，将异质性产品或服务投入市场，获得核心竞争优势。

二 信号理论

信号理论起源于20世纪70年代对逆向选择问题的研究。1970年，乔治·阿克洛夫在《柠檬市场：质量不确定性与市场机制》中提出，二手车市场交易中买卖双方的信息是不对称的，买方只能了解到商品的部分质量信息，而对其具体质量则无法完全获取，这会造成市场中存在劣质的商品，进一步使优质商品难以生存，从此逆向选择问题的研究逐渐发展。

1973年，美国经济学家Spence在《劳动力市场信号发送》中，以劳动力市场为例提出了解决逆向选择的方法。在竞争性的劳动力市场中存在着信息不对称，具体来说，关于劳动者的才能等信息，劳动者掌握的比雇主要多，属于信息优势方。此时，才能多的劳动者能通过一些途径，比如通过接受教育等将信号发送给雇主，雇主通过了解这些信号能够将众多的劳动者逐一甄别，以此来了解劳动者的才能等信息，从而来解决劳动力市场存在的逆向选择问题。Spence因此成为信号发送理论的奠基人。关于信息不对称，Stiglitiz（2000）给出了两种广义的类型：信息的质量和信息的目的。信息的质量是指一方是否能够完全明白另一方的特性；信息的目的是指一方关心另一方行为的目标。Stiglitiz（2000）解释信息不对称是因为"不同的人了解不同的事"，具体来说，部分信息是私人的，持有这些信息和如果了解这部分信息则能更好地进行决策的这些人之间就会存在信息不对称。

随着信号理论的发展，目前已经有了较为系统的框架：信号发出者—信号—信号接收者，具体而言，信号是由信号发送者在各种环境因素的影响下发送至信号接收者并接收反馈的过程（见图3-1）。这一研究框架被广泛应用在各个领域。

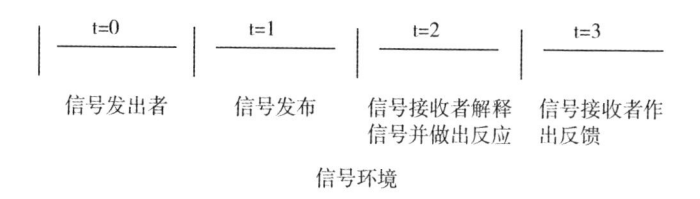

```
| t=0      | t=1    | t=2              | t=3          |
|----------|--------|------------------|--------------|
| 信号发出者 | 信号发布 | 信号接收者解释      | 信号接收者作  |
|          |        | 信号并做出反应      | 出反馈        |
```

信号环境

图 3-1 信号理论的时间轴

信号发出者属于内部信息的掌控者，比如企业管理者，企业管理者可以获得外部人员难以得到的组织信息、产品信息甚至个人信息等。信号掌控者向外界发出信号，而事实上这些信号并不会局限于某一个发出源，多个信号源发出多个信号的现象也会存在，这些信号或互相矛盾或相互支持（Connelly et al.，2011）。信号发送者是内部人，比如企业经理或者高管，这是信号理论的最根本特征，他们能获取有关企业、组织结构、产品、个人等重要信息，恰恰是这部分信息外部人无法得到。更进一步的，内部人持有外部人想要得到的关键信息，这部分信息对其决策具有至关重要的作用（Connelly et al.，2010），比如，企业服务、产品信息等，再如早期的研发报告、销售报告等。信号发送者在管理研究中通常代表了个人、产品或公司。Bruton 等（2009）通过实证研究发现，公司开创者保留股权与偏低定价之间存在曲线（U形）关系，另外，天使投资者保留所有权对逆向选择和道德风险问题的缓解作用强于风险投资者，也有一些研究认为信号一般由特权授予者或个人企业家发布，如 Elitzur 和 Gavious（2003）分析了企业家和风险投资者的道德风险问题。战略研究介于二者之间，大多数研究关注公司层面发布的信号，如 Zhang 和 Wiersema（2009）认为，CEO 的属性向投资界传达着重要信号，即 CEO 认证的可信性和公司财务报表的质量，而这进一步影响着股票市场对 CEO 认证的反应。

信号能够代表个体、企业或其他组织能力、潜力的信息，而这部分信息往往是不可观察的、难以模仿的、具有高成本的，是由信号发出者发布的。在信号理论的相关研究中，大多学者将反映组织或个体优势的利好信息作为信号，但也有部分学者将组织或个体的不利信息作为信号展开研究。信号理论主要聚焦组织有意识地去传递关于组织属性的积极的正面的信息。并且在一般情况下，内部人不会主动向外界传递消极信息。内部人可以有意识地采用各种行为与外部人进行沟通，但并非所有行为都可以成为有效的信号。有效的信号通常具有信号成本（signal cost）、信号可观察性（signal observability）等显著性特征。当前已有很多关于信号质量的研究，Certo（2003）将信号理论和制度理论连接起来，将公司在合法性上的努力归因于生存需要，而公司获得合法性的方法之一是通过权威的董事会或者有威望的高管来发布不可观察的质量信号。一些相关研究则主要关注组织如何传递给外界以积极有效的信息，如 Coff（2002）认为，缺乏信息会增加与人力资本相关的不确定性，从而增加并购中出价过高的可能性，这一情况在人力资本密集型行业中更为普遍。一些研究认为，信号存在强弱之分，即是否比其他信息更容易被接收（Gulati 和 Higgins，2003）。有效的信号需要与发送者不可观察的质量保持一致，即信号合适度。Janney 和 Folta（2003）提出，发布更多可观察的信号或增加信号的数量可以增强信号的有效性，这一概念被称为信号频率（signal frequency）。除此之外，也有研究同时考虑信号质量与目的。例如，Connelly 等（2010）综合了多个学科的研究，建立了一个公司治理框架，并以此描述了不同类型所有者的动机，所有者用来影响他们投资的公司策略，以及这些所有者寻求影响的主要公司结果，最终得出结论——高质量公司的管理者通过保留大量的股权来证明信号的质量。

信号接收者是信号理论概念范畴的第三个要素。信号发出者发出信号，由信号接收者接收这一信号并做出反应。信号接收者指的是组织外部相关者或者个人，难以得到组织或个人内部消息，因此只能依靠这些信号对其进行评估，然后根据评估结果做出反应。同时，信号接收者和信号发送者有着部分利益冲突，成功的欺诈能够使信号发送者受益而使信号接收者受损。当信号发生作用时，由此引发的信号接收者的行为将使信号发送者从中获益。外部人则根据信号发送者发出的信号经过信息加工进行决策。在管理学研究中，信号接收者一般是指个人或个人团体，具体而言，在战略管理研究中，其更多地被视为现有股东或潜在投资者；在企业家方面的研究中，信号接收者则被视为现有或潜在投资者；在人力资源管理和组织行为学的研究中，劳动力市场及其相关要素通常被视作信号接收者。研究者发现，信号的有效性部分取决于接收者的特性，将接收者留意环境并获得信号的敏感程度定义为信号注意力（receiver attention）。Gulati 和 Higgins（2003）的研究发现，在不同的股票市场条件下，发行公司的潜在投资者会关注不同类型的不确定性；对这些不同类型的不确定性的关注会影响投资者对一家年轻公司不同类型的支持和合作的相对价值的看法。另一些研究者则更多地关注接收者之间对信号解读的差异，例如，Branzei 等（2004）研究了中国企业 20 世纪 90 年代起对环境问题的应对，并描述了不同接收者对信号的"校准"及赋予信号不同的强度和意义。Ashuri 和 Bar-Ilan（2017）在当前数字媒体招聘盛行的时代背景下，研究了招聘者如何识别信号以选择合适的候选人。

信号理论越来越多地应用于管理实践，一些研究者发现了反馈在信号传递中的重要作用，当信号接收者给予信号发送者以反馈时，有助于信号发送者了解某一信号的影响程度、影响范围等信息，从而对之后的信号进行优化。Gupta 等（1999）利用 75 个跨国公司的 374 个子公司数据，测试了附属任务和组织环境对子公司总裁反馈的影响并得出结论，即副总裁都有积极主动的绩效反馈行为，而且这一行为在一定程度上是有利于系统的。Gulati 和 Higgins（2003）在研究了公司首次公开募股（IPO）时组织间的价值评估后，认为信号发送者在关注反馈的基础上可以提高未来信号的实践性。Taj（2016）研究了跨国公司总部与子公司之间的信号流程，认为降低信息不对称对于构建有效的信息网络至关重要，而其中反馈是重要的组成部分，它有助于增加信息的真实性和准确性。

信号发出的环境要素对信号传递过程有着重要影响，例如环境失真，即信号传播媒介降低了信号的可观察性。Branzei 等（2004）也描述了企业的外部利益相关者如何影响企业内信号发出与接收的过程。Connely 等（2010）认为，其他接收者的正确判断也有助于促使信号发送者发送可信度更高的信号并减少"欺诈"的发生。除此之外，很多环境因素都会对信号传递产生影响，例如创始人的声誉和地位等。

信号理论认为，信息不对称的程度、信号质量等因素都能够影响信号作用的强度。信号向外传递的内容不同，据此可以把信号分为质量信号、意图信号等，其中，质量信号是难以由外部人掌握的组织内部的能力等信息，意图信号则是组织的意图乃至于行为（Stiglitz，2000）。

随后，信号理论在组织管理等领域得到了广泛的应用，即组织通过向社会传递关于组织特征的正面、积极并且不能被轻易观察到的信息，从而降低信息不对称带来的负面影响（Spence，2002）。信号理论在技术创新的相关研究中，也得到了一定的应用。创新能力是外部投资者评估企业价值的重要标准，但信息往往是不完全的，企业潜在的技术水平以及技术创新能力无法被投资者直接观察到，企业拥有其创新水平、创新能力等的完全信息，但外部投资者不然。此外，由于创新投资与一般投资不同，会计信息披露不充分，面临的信息不对称等问题更严重，增加了投资者的信息搜寻成本，提高了投资的不确定性和市场风险，加剧了企业的融资约束问题（Barth et al.，2013）。因此，企业需要通过可见的信号向潜在外部投资者展示自身不可见的信息部分。

基于信号理论，科技政策组合可以向外界提供企业实际质量的积极信号，加深外部投资者对企业的了解，减轻双方的信息不对称，有助于企业创新外部资源的获取。科技政策组合信号传递的主要途径分为三步。首先，科技政策支持需要经过严格的筛选，即"挑选赢家"，企业的创新能力、发展前景等情况突出才可能获得政策支持，而获得政策支持的企业是政府重点关注或扶持的对象，因此，得到政策支持是政府对企业创新能力、发展前景等的肯定。其次，企业获得科技政策后，政府会对项目的执行情况进行监督，规范和引导企业的创新活动。最后，获得科技政策组合支持的企业可以被视为积极响应国家政策导向，释放出企业与政府保持良好关系的信号，进而开拓企业从其他渠道获取创新资源的机会，提升企业的创新水平。科技政策组合释放多重信号，外部投资者获得这一积极信号之后会给予企业更高的认可（Colombo 和 Croce，2013），降低信息不对称带来的融资不足问题，使企业创新资金得到进一步保障，增加企业的创新投入，提高创新绩效。

此外，科技政策组合也会引起其他相关主体对企业的关注，获得产学研、产业链其他企业的认可，增加相关主体研发合作的信心，降低研发合作的信息搜寻等成本，激励企业增加合作研发投入，进而提高创新绩效。

因此，基于信号理论，科技政策组合会释放企业良好创新能力、发展前景等信号，吸引外部投资以及其他相关主体的关注，吸引投资、降低合作研发的成本，促使企业增加研发投入，保证创新进程。

三 复杂适应系统（CAS）理论

（一）复杂适应系统（CAS）理论

复杂适应系统（complex adaptive system，CAS）理论是 1994 年

由 John Holland 正式提出的。CAS 理论以进化的理念解释复杂系统，对于人们更进一步地认识、了解、控制以及管理复杂系统提供了新的视角。

CAS 理论的主要内容是系统中的个体（元素）即为主体（agent），主体具有主动性和目的性，是适应性的、有活力（Active）的个体。主体能够从环境以及和其他主体的交互作用中不断地学习并积累经验，转变自身行为方式及结构，而就是这些相互作用，使主体不断地改变，并不断地改变环境，成为系统不断发展与进化的根本动因。简言之，CAS 理论的复杂性来源于其个体的适应性，这就是 CAS 理论的基本思想。

适应性主体（adaptive agent）是复杂适应系统的基本概念，通常也简称为主体（agent）。CAS 理论都是由元素（active element）构成的，并且这些元素具有主动性，且无论是形式还是性能，这些元素都是不同的。然而元素也存在共性，即它们具有主动适应环境以及其他元素变化的能力，并能据此调整自身的行为，即可以自行学习以及积累经验。这些元素也称为适应性主体（agent）。随着不断地与环境、其他主体的相互作用，主体也不断地调整自己的行为，不断地进化，在这一过程中，其既可以学习，又可以成长，这使 CAS 理论和以前的系统理论有着本质的区别（Tesfatsion，2003）。

围绕"主体"这个核心的概念，Holland 进一步指出了复杂适应系统演化过程的七个基本点，即三个机制以及四个特性。三个机制即为积木、内部模型以及标识机制，是主体和环境交互作用过程中的机制；四个特性主要包括多样性、流、非线性以及聚集，是个体的特定属性，是主体的特征，通过自组织性、自适应性在其演进过程中发挥作用。Holland 认为，同时具备上述七个特性的系统均为复杂适应系统。

1. 积木机制

积木机制即相对简单的部分经过组合方式的改变形成复杂系

统。即复杂性并不取决于块的大小和多少，事实上取决于原有块的重新组合。这一观念得到了学者的大量实例论证。

2. 内部模型（internal model）机制

在复杂适应系统中，每个层次的个体都是具有复杂内部机制的预期未来的能力的，而这种机制在系统中就是内部模型。内部模型通常分为两类，即显示的内部模型以及隐式的内部模型。前者作为基础，通常作为进行选择时的内部的、明显的探索，即前瞻过程；后者指在未来期望的隐式预测下，只显示一种当前的行为。

3. 标识（tagging）机制

在聚集的过程中，主体未来相互识别选择的符号或者标记即为标识。在个体与环境的交互作用过程中，标识是相当重要的。

由上可以发现，复杂适应系统的个体是适应的、主动性的，这同时也反映出 CAS 是一个基于个体的、不断演化发展的演化系统，在这个演化过程中，个体的性能参数在变，个体的功能、属性在变，整个系统的功能、结构也产生了相应的变化。这就是 CAS 理论思想的独特之处。正是这一特点，给 CAS 理论带来了巨大的发展空间。

4. 多样性（diversity）特性

多样性指主体在适应环境的进程中，个体间会存在越来越大的差距，形成具有自身特性的个体，即分化，最终呈现个体间的多样性。

5. 流（flows）特性

流指的主要是信息、能量及物质流，在个体与环境之间充斥着这些流，而流能否周转、是否通畅等均能对系统演化起到重要作用。

6. 非线性特性

复杂适应系统的个体之间能相互影响，但这些影响并不是单向、简单、被动的线性关系，而是相对复杂的非线性关系，是主动的适应关系，尤其是在个体与环境、系统的反复交互作用过程中，这种复杂关系更为明显。非线性是 CAS 的一个重要特性。

7. 聚集特性

聚集是经过个体的黏合形成一个多主体的更大的聚集体，是 CAS 最主要的特征。在一定的条件下，双方达成一致，个体可以形成新的、能够在系统中独自行动的个体，即聚集体。复杂适应系统演变的重要的关键步骤是在复杂系统演变过程中，低层次的、较小的个体经过一定途径的吸引、结合，黏合成一个高层次的、较大的个体。需要说明的是，聚集并不是消灭个体的吞并，不是简单的合并，是更高层次的、一个新类型的个体的诞生，并且之前的个体在新的环境中更适宜生存，能快速发展，而不是从此消失。

（二）CAS 理论的应用

基于 CAS 理论，1987 年 Arthur 与 Holland 等圣塔菲同事合作开发了一个模拟股票市场程序系统——圣塔菲人工证券市场（Santa Fe artificial stock market），以此来研究股票市场的泡沫增长或崩盘现象，这是 CAS 理论在经济管理领域的最早应用。此后，国外大多数研究是基于 CAS 理论对宏观经济进行模拟仿真研究。

近年来，我国学者对 CAS 理论的应用研究也逐渐兴起。金吾伦和郭元林（2004）提出学习型组织是由相互关系和相互作用的极其复杂的、众多要素构成的层级复杂适应系统，是具有人性的复杂性组织；要素构成子系统，子系统再通过相互间的联系和作用组成系统，并且这一系统具有自组织功能，是复杂适应性组织。任锦鸾和顾培亮（2002）提出了基于复杂理论的创新系统研究框架，他们认为在企业创新系统中，物流是联系各主体的主要中介，而在国家创新系统中，知识流动是各主体互动的主要方式，信息流则把企业创新系统、区域创新系统、国家创新系统等不同层次的创新系统连接了起来。任锦鸾和陆剑南（2003）在比较不同创新系统模型的基础上，基于 CAS 理论提出了复合三链螺旋创新系统网络模型，并提出最好的创新形式就是在政府的宏观调控和提供的良好的创新环境下，各技术创新主体在自组织机理下进行的相对自由的合作创新。

CAS 理论与方法在经济、管理领域已经有了一定的应用，取得了一定的成果，但大多处于起步阶段，特别是 CAS 理论在创新研究中的应用理论体系还不够完善，没有形成系统的框架。

（三）CAS 理论刺激—反应模型的创新系统

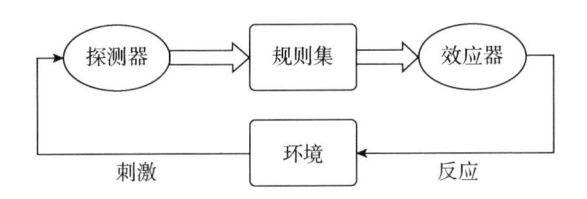

1. 刺激—反应模型

刺激—反应模型（stimulus-response models）用以描述不同主体的统一方式，体现主体在不同时刻对环境的反应能力。它不但可以建立微观、宏观的联系，还能很好地阐释事物由简单向复杂演化的过程和复杂系统演化的机制。刺激—反应模型包含三个部分，即探测器（detector）集合、IF/THEN 规则集合以及效应器（Effecter）集合（见图 3-2）。

图 3-2 刺激—反应模型

探测器用以接收、处理由外部输入的信息部分，代表主体可以从环境中接收信息的能力，是主体存在的条件。IF/THEN 规则集合可以说是刺激—反应模型的内部模型，主体能够对刺激做出的反应，与一般情况下的一一对应的规则不同，它可以表示主体处理探测器所接收到的信息的能力。效应器用以输出消息，即按给定的控制输出，同时对内部状态进行更新，反映其作用于环境的能力，代表主体功能。它的基本形式如下：

IF（如果）刺激 S 发生，THEN（那么）做出反应 R。

其中，刺激即为主体通过环境感知到信息，反应则是刺激之后主体的反应，规则则是由刺激到反应的映射。

进一步的，执行系统模型利用数学公式表达如下：

假设主体 i 的输入集（条件集）是 $X_i = \{x_1, x_2, \cdots, x_n\}$，输出集（功能集）是 $Y_i = \{y_1, y_2, \cdots, y_n\}$。因为输出是由输入决定的，因此有：$Y_i = F_i(X_i)$。其中，$F_i$ 代表从 X_i 到 Y_i 的映射，即为主体的 IF/THEN 规则。因为多个规则可以同时发生作用，于是就得到了可以描述复杂适应系统的方法。

刺激—反应模型是复杂适应系统理论的重要内容，用于解释主体与环境之间的作用关系。

2. 基于 CAS 理论的创新系统

创新系统具有多样性、竞争性、动态性、耦合性和开放性等特征（Markose，2004），是一个由创新主体在其刺激—反应的过程中，互相作用构成的以创新主体为节点、其耦合性关联为纽带的复杂适应系统。

创新系统的复杂性表现为创新主体的多元性、子系统的多层次性、主体之间以及子系统之间的非线性关联性。创新系统通常包含创新要素子系统、主体子系统、环境子系统等多个层次的子系统。企业、科学研究机构、高校、金融机构、政府部门、中介机构等构成了创新主体的多元性，其中，企业是技术创新的主体，高校以及研究机构构成了知识创新的主体，金融机构、政府部门以及中介机构等构成了创新环境，提供中介服务以及资金、政策等支持。创新主体之间基于资源的流动性互相联系从而构成了以主体为节点的创新网络，创新系统内的主体和其他主体以及环境间也存在着非线性关联。随着创新系统的开放性的增强，创新主体可以在更大程度上冲破地域局限，通过创新价值链和其他主体产生互动，通过其刺激做出反应，正是这种创新主体之间的刺激—反应过程使创新系统的复杂性进一步加剧。

创新系统的适应性反映在创新主体之间的刺激—反应过程，每一个创新主体都是其他主体创新环境中的一部分，可以对其进行刺激,同时也能够主动适应环境的不断变化,不断调整行为,并在这一循环过程中推动整个系统的发展。企业是整个创新系统中主观能动性最强的主体。创新系统中任何因素发生变化,都会对企业应对这些变化产生刺激,进而改变其创新行为,比如创新政策的制定、创新制度的完善等都会刺激企业投入创新,同时,也能够提高其对其他主体的产品需求,例如科研院所的成果、高校人才等,从而有利于创新环境的优化。

因此,在创新系统下,企业是创新系统的主体,企业间竞争与合作的关系体现出非线性特征。企业具有自适应性与自组织性,会根据环境变化而不断修正自身行为规则,改变自身行为,从而与环境相适应。

第二节　理论分析框架的构建

一　基于资源基础观的企业创新

资源基础观强调资源的有价值、稀缺、难以模仿、难以替代性,正是这些异质性资源使企业获得长期竞争优势。企业若想获得长期发展,必须获得核心竞争优势,掌握关键、高端技术,投入创新,通过技术创新活动获得创新产品或服务,将异质性产品或服务投入市场,获得核心竞争优势。即企业获得长期发展,需投入技术创新,这是本书研究的基本前提。

二　基于信号理论的科技政策组合与研发投入

创新活动涉及许多技术细节和秘密,外部投资者难以评估研发项目的优缺点和预期收益,并且研发项目经常伴有高风险,投资动力不足。基于信号理论,科技政策组合提供企业真实质量的积极信号，加强外部投资者对企业的了解，并减少双方的信息不对称，有利于企业得到更多的外部创新资源。

首先，科技政策组合释放企业技术优势、研发项目质量信号。企业获得科技政策支持需要经过严格的筛选过程，即"挑选赢家"（Lerner，2002；Kleer，2010），具体体现在政府能够基于企业补贴申请信息，组织专家进行评审，对研发项目的市场价值、潜在风险以及企业研发水平、创新潜力等进行评估。因此，获得政策支持代表企业获得了政府认可（Colombo et al.，2013）。从另一角度来说，获得政策支持是政府对企业创新能力及发展前景的肯定，帮助企业获得银行信贷、风险投资等外部融资（Li et al.，2019），得到高校和科研院所人才等创新资源（Cassiman 和 Veugelers，2006），最终促进企业创新。

其次，科技政策组合能够释放出企业监管认证的信号。企业获得政策支持后，政府会对企业持续监督，而企业迫于监管压力，会高质量地完成研发项目，这就规避了潜在的道德风险。同时，传递企业具有政府监管认证的信号，使外部资源所有者更愿意为其提供资源支持，为创新活动提供保障（Herrera et al.，2015）。

最后，科技政策组合能够释放出企业与政府保持良好关系的信号。获得政策支持的企业是政府重点关注或扶持的对象，政府对企业的政策支持释放多重信号，外部投资者获得这一积极信号会给予企业更高的认可（Colombo 和 Croce，2013），降低信息不对称带来的融资不足问题，使企业创新资金得到进一步保障，推动企业增加创新投入。

此外，上述信号也会引起其他相关主体对企业的关注，获得产学研、产业链其他企业的认可，增加相关主体研发合作的信心，降低研发合作的成本，激励企业增加合作研发投入。

因此，基于信号理论，科技政策组合会释放企业良好的创新能力、发展前景等信号，吸引外部投资，获得其他创新主体的关注，降低合作研发的成本,促使企业增加研发投入,保证创新进程。

三 基于 CAS 理论的科技政策组合与创新绩效

"适应造就复杂,复杂造就简单",这是复杂适应系统理论的精髓。CAS 理论强调了主体与环境以及主体之间互相作用、相互影响的过程,主要分析复杂系统中的部分之间互相影响、彼此作用过程中所呈现的规律、特性以及复杂性,发现了系统演进、自适应等内在机制,有利于整个系统能力的提高(Vedueg,1997)。

根据霍兰的理论,CAS 理论中的刺激—反应模型用于描述主体适应环境的过程。创新主体可以在其正常的行为规则基础上感知外部信息,从而不断地调整自身行为规则以适应环境,不断发展。企业是主观能动性最强的主体,企业可以感知到外部环境的刺激,然后经过对其所处环境所产生的信息不断过滤、加工,产生对应的输出行为。

政策信息刺激主体通过改变自身状态,产生适应性行为(Railsback et al.,2006;Jaspers 和 Van den Ende,2010)。政府制定一系列科技政策,包括政府补贴、税收优惠、政府采购等激励企业技术创新,这在一定程度上代表政府的发展方向,对企业的创新行为起到指导、刺激作用(Carreira 和 Walsh,2010)。当企业感知到政府发展方向等信息后,就会从信息中集中搜寻与之匹配的部分信息,然后从规则中集中搜寻与之对应的部分规则,制定相应的策略,并采取行动。此外,创新主体具有学习和适应能力,经过不断地匹配信息集以及规则集并且及时反馈,创新主体可以通过不断地调整和确定其行为规则,并以此不断地适应环境要求(张永安等,2016)。

具体来说,科技政策刺激产生信息,企业感知到政府信息,会加工这些信息,即当政府鼓励技术创新并提供政策支持时,企业会感知到通过政策支持可以降低创新的风险与成本,提高收益,然后根据自身发展做出判断,很可能就会通过加大自主研发投入参与创新活动,迎合国家发展,获取更多政策福利;或企业自身资源不足或因寻求低成本战略而与其他企业、大学和科研机构合作研发,加速新产品的研发进程,降低成本,实现创新。即企业根据政府提供的政府补贴或税收优惠、政府采购等加大研发投入,而研发投入的增加为企业创新提供更充足的资源支持,以更充分的投入保证产出,提高创新数量和质量。因此,科技政策组合对创新绩效的影响路径为科技政策组合—研发投入—创新绩效。

综上所述,依据刺激—反应模型,构建"政策刺激—政策反应—研发投入—创新绩效"的模型框架(见图3-3),确立了政策分析从宏观到微观层层剖析的视角。

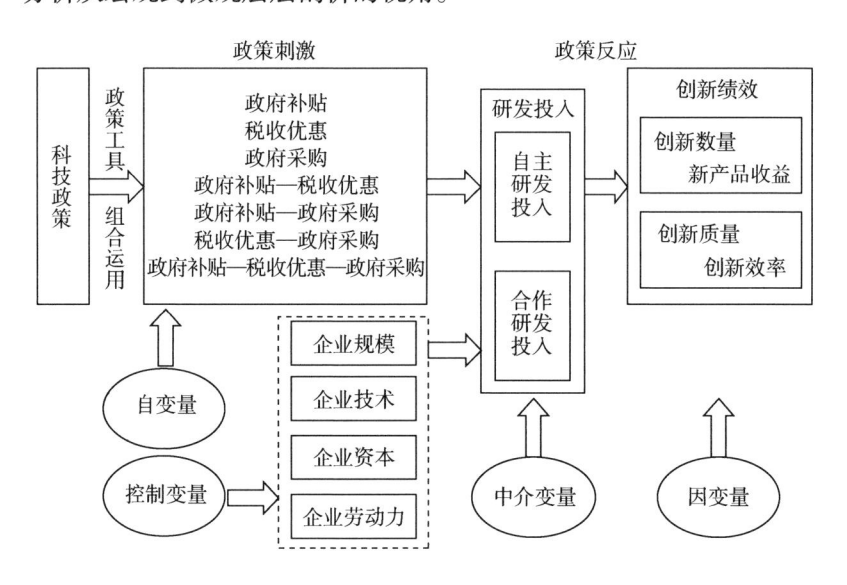

图3-3 科技政策组合的刺激—反应模型

不同情境下企业对科技政策刺激的反应并不一样,包括不同的宏观经济环境、中观市场环境、微观企业环境等,因此,本书区分不同的微观企业规模、中观市场竞争、宏观经济波动环境,分析不同背景下企业对科技政策组合刺激的反应,即分析在不同企业规模、市场竞争、经济波动情境下,科技政策组合对创新绩效、研发投入的影响差异。由此,构建本书研究的基本理论框架(见图3-4)。

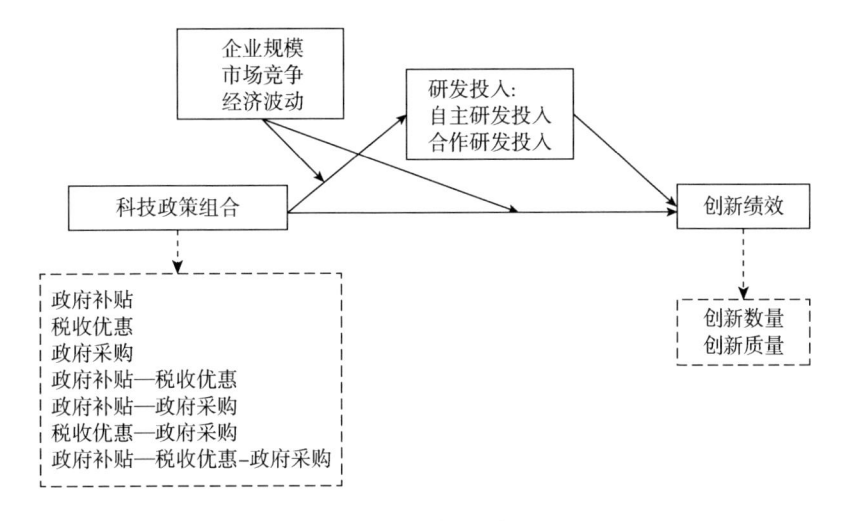

图3-4 本书理论框架

第四章 科技政策组合与创新绩效

第一节 引言

在经历了 30 多年的快速增长后,我国经济的增长动力、发展方式、科技水平、产业结构等已发生重大变化,创新已成为引领发展的第一动力。要深入实施创新驱动发展战略,必须全面激发蕴藏于广大民众之中的创新活力,释放和培育新常态下我国经济增长与转型升级的新动力。而由于我国市场经济体制改革以及科技体制改革尚处于攻坚期,存在一些不适应创新发展的体制机制约束,抑制了创新活力和动力,创新能力难以满足经济转型升级的需要。因此,必须弥补制度短板,完善激励机制,营造有利于创新发展的制度和政策环境。而《国家中长期科学和技术发展规划纲要(2006—2020年)》的实施,为企业技术创新构建了一套较为完善的政策支持体系和激励机制。直接补贴、税收优惠、贴息贷款、知识产权保护、政府采购等政策措施,激发了企业技术创新的意愿,减轻了技术创新高投入、高风险的压力,推动了技术创新价值的市场化进程。

为进一步寻求政策制定的依据,探索科技政策的作用机制,国内外相关研究非常活跃,研究焦点主要集中在政府直接补贴等单一形式政策对创新激励或是挤出效应的评价上。然而,科技政策并非独立存在,政策之间存在着交互作用(Michel,2016),不考虑其他政策的作用而研究单一政策对企业创新的作用将使结果存在偏差，科技政策组合引导企业参与创新的效果更强，从而产生组合效应。此外，科技政策实施效果不仅要注重数量增加，更要注重质量提升，而关于科技政策组合对创新数量和创新质量的作用及其作用差异的研究还存在不足。那么，科技政策组合对创新数量以及创新质量的作用如何？不同企业规模、市场竞争、经济波动条件下科技政策组合的作用是否存在差异？科技政策组合对政策调整的含义是什么？这些议题的研究具有重要的政策意义和实践价值。

基于此，本章将政府补贴、税收优惠与政府采购政策作为研究对象，将科技政策分为政府补贴、税收优惠、政府采购、政府补贴—税收优惠、政府补贴—政府采购、税收优惠—政府采购、政府补贴—税收优惠—政府采购七种组合形式，从创新数量以及创新质量双维视角出发，研究科技政策组合对创新绩效的影响。

第二节　理论分析与研究假设

一　科技政策组合与创新数量

资源基础观强调依靠有价值、稀缺性、难以模仿的资源来保持企业的核心竞争优势，而技术创新是企业获得这些资源的重要途径。作为技术创新的重要主体，企业创新是创新发展的重要内容，其创新通常会受到三个因素的制约：其一是资金，创新是一个长周期、多阶段的过程，需经过科学研究、技术开发、中间试验、市场推广等阶段，每一个阶段都需大量的资金投入。而创新具有高风险性以及收益不确定性，很难通过普通的银行信贷等方式筹集创新资金，外部筹资受限。因此，创新过程中资金需求量大但筹集资金困难重重，造成创新的资金短缺，阻碍创新的发展。其二是风险，技术创新具有周期长、风险高等特性，创新的风险指数较高、综合性较强。主要表现在资金投入量大、时间跨度长、不确定性大以及创新环节较多，但是各个环节面临的风险不同，在前期的研究阶段，公司面临较大的技术风险，而在后期的成果转化以及市场推广阶段，公司又面临较大的市场风险（Freitas et al.，2017），一般创新主体无力承担。其三是外部性。基于"市场失灵"理论，创新具有外部性特征，同时创新成果具有公共物品特性及正外部性特征，新研发产品或服务在被公开后很可能会引起竞争对手的追随、复制，提高了其创新成本，降低收益。所以，企业创新的积极性大打折扣，如果仅仅通过市场来调节企业创新的积极性，难以实现创新绩效的最优化，必须借助政府的政策支持来提高企业的创新水平（Adne Cappelen et al.，2012）。换个角度来讲，科技政策组合可以通过两种途径影响创新绩效：一是通过直接影响创新主体创新意愿、创新主体创新能力和创新环境从而影响创新绩效，二是通过对创新环境的影响从而间接地影响创新绩效（见图4-1）。

具体来说，政府补贴增加企业技术创新资源，降低技术创新的边际成本，并向社会发出政府引导创新以及企业信息的信号，吸引外部投资者，缓解信息不对称带来的融资约束，分散企业技术创新活动的风险（任曙明和吕镯，2014），激励企业提高创新绩效（陆国庆等，2014；Boeing，2016）。

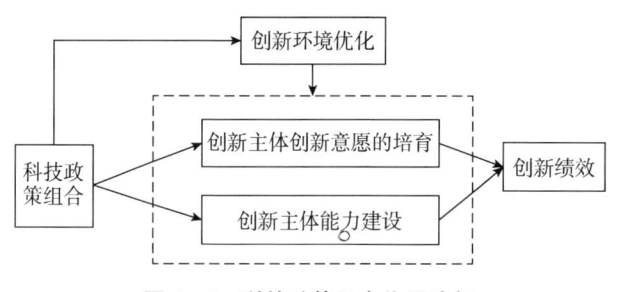

图4-1 科技政策组合作用路径

税收优惠包括企业研发费用加计扣除、加速折旧、所得税优惠等政策，直接降低了企业技术创新的税收负担，增加了企业创新的预期收益，激励企业增加创新投入，增加创新产出，提高创新绩效（Mukherjee et al.，2017；Gande et al.，2019）。

政府采购为企业创新提供稳定的市场需求，降低市场风险（Mowery 和 Rosenberg，1979），还能在全社会形成示范效应，刺激广大消费者的产品需求，营造稳定的市场环境，降低技术转化过程的风险，激活市场活力，以需求拉动企业创新（Aschhoff 和 Sofka，2009）；同时，购买创新成果为改善公共基础设施和公共服务提供了强大的潜力（Edler 和 Georghiou，2007）。换言之，政府采购可以营造稳定的市场环境，创造新的市场需求，激励企业提高创新绩效。

政府补贴—税收优惠，即政府补贴、税收优惠政策组合。政府补贴在技术创新活动事前给予企业政策支持，增加创新资源，缓解融资需求，分散技术创新活动的风险（Guo et al.，2016）；税收优惠降低技术创新活动事后的税收负担，增加技术创新的预期收益（Mukherjee et al.，2017）。政府补贴、税收优惠政策组合从技术创新的事前、事后均给予企业支持，更有力地激励企业投入创新（朱平芳，2003），提高创新数量。

政府补贴—政府采购，即政府补贴、政府采购政策组合。政府补贴从供给侧——企业方增加企业创新资源，显著增强企业技术创新信心，提高社会影响力及知名度，激励企业的技术创新行为；政府采购产生市场需求，使企业在原有基础上增加销售数量，实现产品的额外收益，以需求拉动企业主动参与技术创新（Aschhoff，2009）。换言之，政府补贴、政府采购政策组合从供给侧、需求侧推动企业创新发展，刺激企业增加创新数量。

税收优惠—政府采购，即税收优惠、政府采购政策组合。政府采购带来新产品及服务需求，刺激企业主动参与创新，但创新需要成本，企业技术创新停滞的原因很大程度就在于创新的高成本性以及企业内部资金的局限性,而税收优惠可以直接降低技术创新的税收负担,税收优惠和政府采购政策组合作用能够激励企业创新发展,促使企业提高创新绩效。

政府补贴—税收优惠—政府采购,即政府补贴、税收优惠、政府采购政策组合。三项政策从不同阶段给予企业技术创新信心,相互促进,使科技政策实施效果扩大。政府补贴可以实现创新投入上的增长效应,但可能会引起市场不公平竞争,造成企业无序竞争或盲目"寻租"(黎文靖和郑曼妮,2016),而税收优惠具有普适性,不会干扰市场机制,可以发挥市场在资源配置上的有效性,但两项政策只针对企业方发挥引导作用,无法从需求侧刺激企业主动参与技术创新,政府采购则可以补充政策的需求侧激励作用,弥补供给侧改革支持力度的局限性(Guerzoni 和 Raiteri,2015)。三项政策相互补充,激励企业投入创新,提高创新绩效(Pang et al.,2020)。据此,提出假设4-1:

假设4-1:科技政策组合对创新数量具有显著的正向影响。

二 科技政策组合与创新质量

创新质量指的就是相同的投入获得更多的产出或者较少的投入获得等量的产出的能力,代表创新的效率,是一个相对的概念(Farrel,1957)。企业创新的投入资源包括资金、人才、知识等,在企业固有创新资源投入的基础上,政府实施政府补贴、税收优惠、政府采购等政策对企业创新予以支持,旨在通过科技政策激励企业获得更大的产出,提升创新质量。

政府补贴作为公共性投入的政府资金,可以快速地形成知识扩散(唐清泉和卢博科,2009),有效弥补企业创新过程中的资金不足问题,促使企业购买研发设备、技术,提高创新的投入产出比(白俊红和李婧,2011),助推企业创新效率的改善。此外,政府补贴促使企业对其管理制度进行优化，有利于减少其技术设备、人员及其他创新资源的损耗，从而实现资源的高效配置，获得较高的创新质量。

税收优惠作为一种较为直接、有效的科技政策，可以降低税收成本，增加税后收益，降低创新风险，减少现金流出，增加现金流入（王钊和王良虎，2019）。首先，创新资金与税收优惠。税收优惠政策可以直接减少应纳税额，增加企业的留存收益以及现金流（Chen 和 Gupta，2010），保障企业创新过程中的资金充分流动，减轻创新过程的资金压力。其次，创新风险与税收优惠。现有税法鼓励创新主体进行技术转让，对其进行减免，促使技术承接方参与到创新活动中，共同承担创新风险，将创新风险合理分散，进而提升创新效率（Wolff，2002）。最后，创新外部性与税收优惠。创新具有公共产品的属性，它决定了创新的原始所有者难以完全控制创新的外部利益，因此通过市场途径无法补偿那部分外部效益。鉴于此，如果没有适当的政策进行干预，理性主体很可能会放弃创新行为。税收优惠可以有效提高企业的创新收益水平，达到风险和收益的对等，刺激企业的创新热情。此外，以税收优惠方式进行的政策支持能够直接减少研发人员的所得税额，提高研发人员的个人收入等待遇，有利于企业吸引人才，弥补企业人力资本投入的不足，从而提高企业的创新质量。

政府采购企业的创新产品可以降低创新风险，削弱创新的不确定性，提高企业对创新失败的容忍程度，提升企业的创新意愿（Uyarra et al.，2020）。政府采购作为一项需求侧政策，是一项以完成政府订单为最终结果的激励政策，获得政府订单的企业会主动投入技术创新，以更精尖的技术、更高品质的产品及服务完成任务，并且为了寻求成本最小化，企业会在创新过程中将技术设备、人员等资源的消耗降到最低，提高创新效率，即政府采购也有利于企业创新质量的提高。

科技政策组合能更大程度上激发企业技术创新的信心，激励企业投入技术创新，得到组合形式政策支持的企业会以尽可能低的消耗得到更高的产出，从而提高创新效率，即科技政策组合推动企业以最小的创新投入获得更大的创新产出。科技政策组合倒逼企业管理水平的提升，企业为得到科技政策支持，往往会通过提升内部管理水平来达到相应的标准，提高资源的利用效率，从而提高企业的创新效率。政府补贴、政府采购等政策支持经过一定程序的筛选、竞争，挑选最优的企业予以支持，因此，企业得到政策组合支持是对企业本身的一种肯定，代表企业的良好运营情况及发展前景，科技政策组合向社会传递正向信号，可以吸引外部投资者（Li et al.，2019），规避逆向选择等问题，有效避免创新市场变成"柠檬市场"，有利于企业抓住合作机会、提高创新成果的转化效率。据此，本书提出假设4-2：

假设4-2：科技政策组合对创新质量具有显著的正向影响。

第三节 研究设计

一 数据来源与样本选择

以国内极具代表性的高新技术企业园区——北京市中关村国家自主创新示范区的企业为样本。作为国家高新技术以及创新示范区的代表，中关村园区企业获得国家政府、北京市及园区级的政策倾斜，各项优惠政策在中关村园区企业实施。数据来源于北京市统计局与统计年鉴。由于2013年之前的部分指标统计数据不全，因此以2013—2018年的北京中关村园区19063家企业为样本。为得到稳健结果剔除以下样本：一是不符合会计准则的样本，即总资产、营业收入、销售收入、无形资产等小于零的企业；二是政府补贴、税收优惠、政府采购数据缺失样本，因为数据缺失无法确定企业未获得政策支持还是未进行披露，为避免结果偏差将其剔除；三是样本期间不连续企业，即样本期间内倒闭或其他原因数据缺失企业。最终剩余 2592 家企业，共计 15552 个样本。同时，为了消除极端值的影响，对所有连续变量进行了 1% 和 99% 水平上的 Winsorize 处理。

二 变量定义

（一）因变量

因变量为创新绩效，包括创新数量和创新质量两个维度。

一是创新数量。创新数量代表创新规模，即企业创新投入、产出或市场收益的"量"。测度指标有研发投入、专利申请数量、新产品销售收入等。其中，新产品销售收入是企业创新的最终成果，代表技术创新的商业化效益，因此，参考 Guan 和 Pang（2017）等的做法，以新产品销售收入衡量创新数量。

二是创新质量。创新质量代表创新水平，是企业以相同的投入获得更多的产出或者较少的投入获得等量的产出的能力。参考董鹏刚和史耀波（2019）、张永安和关永娟（2020）等的研究，以创新效率为衡量标准。创新效率是指创新资源的投入与创新产出之比，即创新产出除以相应的创新投入，它反映的是单位创新资源对创新产出的贡献程度。一方面，增加创新资源投入可以提高创新的产出；另一方面，创新系统的有序良好运行对创新资源的充分利用也能提高创新产出。创新效率的测算根据随机前沿分析方法计算而得。其中，创新投入指标包括创新资本投入与人员投入，产出指标为新产品销售收入。

（二）自变量

自变量为科技政策组合，包括政府补贴、税收优惠、政府采购政策及其组合形式。考虑样本选择问题，以倾向得分匹配方法进行实证分析，因此对科技政策组合设置虚拟变量。其中：

一是政府补贴（sub）。政府补贴包括企业获得的政府专项基金、专项计划、研发经费补贴等直接资金支持（陈红等，2019），获得政府补贴为1；反之，为0。

二是税收优惠（tax）。税收优惠是政府为激励技术创新制定的所得税、增值税、营业税、流转税等优惠政策，相关研究中税收优惠大多以优惠税率、加计扣除等所得税优惠衡量（袁建国，2015），忽略了其他税种优惠政策对技术创新的作用。本书将不同税种的优惠政策考虑在内，以企业获得的税收减免总额衡量。设置虚拟变量，获得税收优惠为1；反之，为0。

三是政府采购（pp）。政府采购是企业经过研发、生产等一系列过程，为政府提供新系统、服务、产品等的政策措施。学者大多采用企业获得的政府采购总额衡量政府采购政策（Aschhoff，2009），也有部分学者使用政府采购项目中标数量（苏婧，2017）、政府采购总额衡量（Aschhoff，2009）。参考刘凤朝（2017）等的研究，设置虚拟变量，获得政府采购为1；反之，为0。

四是政府补贴—税收优惠（$sub-tax$）。虚拟变量，获得补贴及税收优惠为1；反之，为0。

五是政府补贴—政府采购（$sub-pp$）。虚拟变量，获得补贴及政府采购为1；反之，为0。

六是税收优惠—政府采购（$tax-pp$）。虚拟变量，获得税收优惠及政府采购为1；反之，为0。

七是政府补贴—税收优惠—政府采购（$sub-tax-pp$）。虚拟变量，获得补贴、税收优惠及政府采购为1；反之为0。

（三）控制变量

参考 Guerzoni 和 Raiteri（2015）、Boeing（2016）等的研究，以企业规模、企业年龄、杠杆率、加入国内外产业联盟、盈利能力、营业收入、本科及以上员工数量等为控制变量。其中，企业规模以总资产的对数衡量；企业年龄以企业成立年限的对数衡量；杠杆率以资产负债率衡量；盈利能力以资产收益率衡量；营业收入以企业营业收入对数衡量；本科及以上员工数量以企业本科及以上员工数量的对数衡量。具体变量及定义见表4-1。

表4-1 变量及定义

变量类型	变量名称	变量定义
因变量	创新数量（inper）	ln（新产品的销售收入+1）
	创新质量（eff）	创新效率，根据SFA计算而得
自变量	政府补贴（sub）	虚拟变量，获得政府补贴为1；反之，为0
	税收优惠（tax）	虚拟变量，获得税收优惠为1；反之，为0
	政府采购（pp）	虚拟变量，获得政府采购为1；反之，为0
	政府补贴—税收优惠（sub-tax）	虚拟变量，获得补贴及税收优惠为1；反之，为0
	政府补贴—政府采购（sub-pp）	虚拟变量，获得补贴及政府采购为1；反之，为0
	税收优惠—政府采购（tax-pp）	虚拟变量，获得税收优惠及政府采购为1；反之，为0
	政府补贴—税收优惠—政府采购（sub-tax-pp）	虚拟变量，获得补贴、税收优惠及政府采购为1；反之，为0
控制变量	企业规模（size）	ln（期末总资产+1）
	企业年龄（age）	ln（企业成立至当年的时间+1）
	杠杆（lev）	总负债/总资产
	加入国内外产业联盟（group）	虚拟变量，加入国内外产业联盟为1，反之为0
	盈利能力（roa）	（利润总额+利息收入）/总资产
	营业收入（income）	ln（企业营业收入+1）
	本科及以上员工数量（hedu）	ln（本科及以上员工数量+1）

三 模型构建

本章主要研究七种科技政策组合对创新数量及创新质量的影

响。首先，分别对政府补贴、税收优惠、政府采购、政府补贴—税收优惠、政府补贴—政府采购、税收优惠—政府采购、政府补贴—税收优惠—政府采购七种科技政策组合与创新数量的关系进行实证分析，然后对七种科技政策组合与创新质量的关系进行实证分析。模型构建如下：

$$inper = \alpha_i (sub/tax/pp/sub-tax/sub-pp/tax-pp/sub-tax-pp) + \beta_i controls + year_i + firm_i + \varepsilon \quad (4-1)$$

$$eff = \alpha_i (sub/tax/pp/sub-tax/sub-pp/tax-pp/sub-tax-pp) + \beta_i controls + year_i + firm_i + \varepsilon \quad (4-2)$$

其中，$inper$ 代表创新数量，eff 代表创新质量，sub、tax、pp、$sub-tax$、$sub-pp$、$sub-tax-pp$ 为七种科技政策组合，$controls$ 为控制变量，$year_i$、$firm_i$ 分别代表时间效应、个体效应，ε 为随机误差项。

考虑样本选择问题，获得政策支持的企业并非随机的，政府在决定支持对象时存在"挑选赢家"现象，即企业特征对政府支持的获得存在显著影响（Boeing，2016），因此，为了克服样本选择偏差对本书研究结果造成的影响，本书拟采用倾向得分匹配法进行分析。

倾向得分匹配模型（PSM）主要用于观察对比两种样本数据所产生的差异。在进行数据的实证研究中，由于数据的偏差、内生性等原因的存在，会对实际的实证结果带来影响，倾向得分匹配模型可以很好地解决这些因素带来的不良影响。倾向得分匹配法的基本思路是将获得政策支持的企业作为处理组，假设个体 i 属于处理组，然后找到属于控制组的某个个体 j，使个体 j 和个体 i 中的可测变量的取值尽可能的相似，即 $x_i \approx x_j$。则样本选择偏差就可以有效降低，并可以有效去除控制变量等因素对处理变量的混杂偏差影响，认为获得科技政策组合以相同的可能性被随机分到了两个组。计算过程如下：

第一，选择协变量 x_i。将影响因变量的相关变量尽可能都包括进来，保证可忽略性假设得到满足。如果协变量选择不当或太少，导致可忽略性假设不满足，将引起偏差。本书协变量包括企业规模、企业年龄、杠杆率、加入国内外产业联盟、盈利能力、营业收入、本科及以上员工数量等。

第二，估计倾向得分（PS），一般使用 Logit 回归，根据情况也有 Probit 回归、Tobit 回归。本书使用 Logit 回归，基于所选协变量估计企业的 PS 值，然后根据 PS 值采用特定方法对样本进行匹配。

第三，进行倾向得分匹配。如果倾向得分估计较准确，则应使 x_i 在匹配后的处理组与控制组之间分布较均匀。

具体方法有近邻匹配法和整体匹配法。近邻匹配法包括 K 近邻匹配法，即寻找倾向得分最近的 k 个不同组个体。如果 $k=1$，则为"一对一匹配"，然而，即使"最近邻居"也可能相去甚远，从而失去可比性。卡尺匹配或半径匹配，限制倾向得分的绝对距离 $|p_i - p_j| \leq \varepsilon$，一般建议 $\varepsilon \geq 0.25\hat{\sigma}_{pscore}$，其中 $\hat{\sigma}_{pscore}$ 为倾向得分的样本标准差。卡尺内最近邻匹配，即在给定的卡尺 ε 范围寻找最近匹配，此法较为流行。这三种方法产生的匹配结果为最近的部分个体，然后进行简单算术平均。产生的整体匹配法包括核匹配、局部线性回归匹配、样条匹配等方法。在实际进行匹配时，究竟应使用以上哪种具体方法或参数，目前文献中尚无明确指南。一般认为，不存在适用于一切情形的绝对好方法，只能根据具体数据来选择匹配方法。本书选择广泛采用的 K 近邻匹配法，以 PS 值为基础向前或向后在控制组中寻找与处理组 PS 值最接近的样本，完成匹配。

第四，根据匹配样本计算平均处理效应，即：

$$ATT = E\left[Y^T - Y^C \mid T\right] = E\left\{E\left[Y^T - Y^C \mid T, P(X_i)\right]\right\} = E\left\{E\left[Y^T \mid T, P(X_i)\right]\right\} - E\left\{E\left[Y^C \mid C, P(X_i) \mid T\right]\right\} \quad (4-3)$$

其中，Y 为结果变量，T、C 分别代表处理组和控制组，$P(X_i)$ 代表企业 i 的倾向得分值。

第四节 实证结果

一 描述性统计与相关性分析

（一）描述性统计

描述性统计见表 4-2。可以发现，创新数量均值为 2.824，最小值为 0，最大值为 167.403，即企业创新数量差距较大；创新质量均值为 0.113，说明企业创新质量有待进一步提高；同时，创新质量均值为 0.113，最小值为 0，最大值为 1，即企业间的创新质量具有较大差距。从均值来看，政府补贴均值为 0.174，税收优惠均值为 0.563，政府采购均值为 0.040，说明我国政府补贴、税收优惠、政府采购政策支持力度不一，享受税收优惠政策的企业较为普遍、实施范围最广；其次是政府补贴，政府采购政策的实施力度有待提高。政策组合的均值也相对较小，三类政策组合的均值为 0.011。从最大值和最小值来看，七种科技政策组合的最大值均为 1，最小值为 0，说明企业所获得的政府补贴、税收优惠、政府采购有较大的差距。此外，企业年龄、企业规模、杠杆率、加入国内外产业联盟、盈利能力、营业收入的描述性统计均说明企业具有较大的差距。

表 4-2　　　　　　　　　主要变量描述性统计

	均值	标准差	最小值	最大值
$inper$	2.824	4.928	0	167.403
eff	0.113	0.187	0	1
sub	0.174	0.379	0	1
tax	0.563	0.496	0	1
pp	0.040	0.196	0	1

续表

	均值	标准差	最小值	最大值
$sub-tax$	0.116	0.321	0	1
$sub-pp$	0.014	0.119	0	1
$tax-pp$	0.028	0.165	0	1
$sub-tax-pp$	0.011	0.105	0	1
age	2.818	0.367	1.946	3.871
size	11.561	2.091	6.589	16.649
lev	0.504	0.420	0.009	2.826
group	0.124	0.330	0	1.000
roa	0.008	0.199	-1.188	0.457
income	10.907	2.155	5.130	15.718

在研究政府支持企业创新的过程中，企业是否获得政府支持并不是随机的，政府会基于企业的一些特征，择优挑选赢家进行支持。而企业也有自主权利决定是否申请获得政府支持，因此，这类研究的样本选择存在非常大的非随机性。按七种政策分类做样本组间分析，即控制组和处理组间控制变量的同方差均值检验，篇幅限制只显示七种政策变量间的均值差（见表4-3）。七种政策组合中，变量差基本在1%水平下显著，说明控制组和处理组间的企业存在着显著的差异。因此，如果不考虑样本选择问题进行普通的实证分析，所得的结果会有偏差。因此，本书选择倾向得分匹配（PSM）法进行分析。

表4-3　　　　　均值组间等方差 t 检验

	sub	tax	pp	$sub-tax$	$sub-pp$	$tax-pp$	$sub-tax-pp$
age	-0.06***	-0.07***	-0.04**	-0.10***	-0.06**	-0.07***	-0.11***
size	-0.82***	-0.79***	-0.83***	-1.11***	-1.47***	-1.21***	-1.66***
lev	0.05***	0.13***	0.08***	0.09***	0.09***	0.11***	0.12***
group	-0.19***	-0.06***	-0.14***	-0.21***	-0.33***	-0.18***	-0.35***

续表

	sub	tax	pp	sub-tax	sub-pp	tax-pp	sub-tax-pp
roa	-0.02***	-0.09***	-0.03***	-0.05***	-0.04***	-0.06***	-0.06***
income	-0.94***	-1.30***	-0.78***	-1.43***	-1.31***	-1.19***	-1.54***

注：***、**分别表示在1%、5%的显著性水平下显著。

（二）相关性分析

相关性检验中（见表4-4），七项科技政策组合之间的相关性较高，但在实证分析过程中，分别对七项科技政策组合与创新绩效进行分析，分别研究七项科技政策组合对创新绩效的影响，即自变量之间的相关性并不影响实证结果。其他变量之间的相关系数大小基本适当，没有出现太大的相关系数，因此，可以进一步进行回归分析。同时可以发现，政府补贴、税收优惠、政府采购及其组合形式均与创新数量、创新质量显著正相关，初步证明科技政策组合对创新数量及创新质量均具有显著的正相关关系。

（三）样本分析

样本分布见表4-5。获得政府补贴样本共2709个，占17.42%，获得税收优惠样本占56.26%，获得政府采购样本占4.00%。税收优惠政策实施范围更广，其次是政府补贴，政府采购的实施范围最小。科技政策组合方面，获得政府补贴—税收优惠组合支持的样本占11.63%，获得政府补贴—政府采购组合支持的样本占1.44%，获得税收优惠—政府采购组合支持的样本占2.80%，获得三项政策组合支持的样本占1.13%。获得政策组合的样本比例较低，其原因在于我国政府采购的实施范围有待扩大，获得政府采购支持的样本仅占4.00%，以这个比例计算，获得政府采购的样本中，约有36.00%同时获得政府补贴，约70.00%同时获得税收优惠，约28.00%同时获得政府补贴、税收优惠三项政策支持，因此，科技政策组合在科技政策支持中所占比例较高，即一定程度上科技政策以组合形式对企业发挥作用。

表 4 - 4　相关性分析

	inper	eff	sub	tax	pp	sub-tax	sub-pp	tax-pp	sub-tax-pp	age	size	lev	group	roa	income
inper	1														
eff	0.649***	1													
sub	0.132***	0.084***	1												
tax	0.163***	0.131***	0.097***	1											
pp	0.126***	0.094***	0.100***	0.056***	1										
sub-tax	0.158***	0.104***	0.790***	0.320***	0.105***	1									
sub-pp	0.119***	0.086***	0.263***	0.053***	0.592***	0.251***	1								
tax-pp	0.111***	0.078***	0.102***	0.150***	0.831***	0.151***	0.552***	1							
sub-tax-pp	0.109***	0.068***	0.232***	0.094***	0.523***	0.294***	0.882***	0.629***	1						
age	0.165***	0.190***	0.062***	0.092***	0.021*	0.091***	0.018*	0.034**	0.032***	1					
size	0.271***	0.142***	0.150***	0.187***	0.078***	0.171***	0.084***	0.095***	0.084***	0.236***	1				
lev	-0.048***	-0.013	-0.045***	-0.153***	-0.035***	-0.066***	-0.026***	-0.044***	-0.030***	-0.030***	-0.131***	1			
group	0.123***	0.096***	0.219***	0.089***	0.085***	0.201***	0.120***	0.088***	0.111***	0.066***	0.176***	-0.014*	1		
roa	0.113***	0.086***	0.032***	0.214***	0.032***	0.073***	0.024***	0.047***	0.030***	0.105***	0.266***	-0.426***	0.024***	1	
income	0.260***	0.193***	0.165***	0.299***	0.071***	0.213***	0.072***	0.091***	0.075***	0.287***	0.705***	-0.085***	0.179***	0.291***	1

注：***、**、*分别表示在1％、5％、10％的显著性水平下显著。

表4-5　　　　　　　　　样本分布　　　　　　　　单位：个，%

	处理组	占比	控制组	占比
政府补贴（sub）	2709	17.42	12843	82.58
税收优惠（tax）	8749	56.26	6803	43.74
政府采购（pp）	622	4.00	14930	96.00
政府补贴—税收优惠（sub-tax）	1809	11.63	13743	88.37
政府补贴—政府采购（sub-pp）	224	1.44	15328	98.56
税收优惠—政府采购（tax-pp）	435	2.80	15117	97.20
政府补贴—税收优惠—政府采购（sub-tax-pp）	175	1.13	15377	98.87

二　获得政策支持的决定因素

政府在决定哪些企业可以得到支持时并不是随机的，而是基于一些企业特征"挑选赢家"，择优选择支持对象。因此，有必要分析促使政府做出支持决策的具体企业特征，为企业争取政策支持提供借鉴。政府机构在"挑选赢家"时，或基于企业的自身特征，或基于其与外界联盟、网络结构等，借鉴 Boeing（2016）等的研究，我们将企业自身属性特征如企业年龄、企业规模等，企业财务及运营属性如杠杆率、资产收益率、营业收入等，以及企业网络属性，即是否加入国内外产业联盟考虑在内，因变量分别为七类支持政策组合，考虑到不同年份的效应不同，加入时间虚拟变量，然后进行 Probit 回归，结果如表4-6所示。

表4-6　　　　　　　　Probit 回归结果

	sub	tax	pp	$sub-tax$	$sub-pp$	$tax-pp$	$sub-tax-pp$
age	0.060 (1.48)	0.010 (0.30)	-0.1088 (-1.29)	0.120*** (2.63)	-0.141 (-1.45)	-0.074 (-0.98)	-0.035 (-0.33)
$size$	0.037*** (3.88)	-0.019** (-2.32)	0.075*** (4.15)	0.006 (0.53)	0.099*** (3.68)	0.080*** (3.91)	0.108*** (3.61)

续表

	sub	tax	pp	$sub-tax$	$sub-pp$	$tax-pp$	$sub-tax-pp$
lev	-0.126***	-0.103***	-0.330***	-0.281***	-0.459***	-0.432***	-0.483***
	(-3.80)	(-4.62)	(-3.69)	(-5.36)	(-3.20)	(-4.00)	(-2.97)
$group$	0.807***	0.172***	0.417***	0.683***	0.688***	0.464***	0.709***
	(19.58)	(4.15)	(6.54)	(15.43)	(8.71)	(6.82)	(8.39)
roa	-0.237***	0.289***	0.300**	-0.109	0.084	0.440***	0.235
	(-4.10)	(5.85)	(2.14)	(-1.42)	(0.37)	(2.97)	(0.98)
$income$	0.059***	0.177***	-0.019	0.139***	0.004	-0.000	0.005
	(5.90)	(20.52)	(-1.06)	(11.74)	(0.14)	(-0.02)	(0.18)
$-cons$	-2.112***	-1.468***	-2.075***	-3.026***	-2.853***	-2.530***	-3.376***
	(-16.23)	(-13.04)	(-9.63)	(-20.20)	(-9.41)	(-10.51)	(-10.18)
year	Yes	Yes	Yes	Yes	Yes	Yes	Yes
obs	15552	15552	15552	15552	15552	15552	15552
R^2	0.075	0.068	0.044	0.098	0.104	0.060	0.120

注：***、**分别表示在1%、5%的显著性水平下显著，括号内为t值。

结果发现，企业杠杆率、企业规模与政策获得显著负相关，加入国内外产业联盟与政策获得显著正相关。营业收入、企业年龄、资产收益率这三个指标与七类政策组合虽然不是全部显著相关，但是显著的符号也基本一致，即企业年龄、营业收入、资产收益率与政策获得正相关。因此，政府机构在"挑选赢家"时，倾向于选择企业规模较小的、加入国内外产业联盟的、财务风险较低（杠杆率较低）的、盈利能力较好的、成立时间较久的企业。因此，企业若想获得政府支持，享受优惠政策可以从上述几个方面努力。

三 匹配平衡性检验

以企业规模、盈利能力等一些特征作为协变量，利用Logit模型估计倾向得分，选择K近邻匹配法进行匹配，具体选择3个近邻寻找匹配对象，然后需要对匹配效果进行有效性判断，即进行匹配平衡性检验。

匹配平衡性检验要求满足条件独立性假设，即在给定企业获得政策支持概率的情况下，企业是否获得政府支持与其特征向量之间是相互独立的，即处理组和控制组在匹配变量基础上无明显差异。参考已有研究，从三个方面进行平衡性检验：比较匹配前后处理组与对照组之间匹配变量的标准化偏差，标准化偏差减小表明两组差异减小；考察 Psedo-R^2、χ^2、偏差均值（mean bias）；从整体上检验匹配是否满足平衡性假定。

首先，对标准化偏差的变动和均值差异进行分析。一般要求标准化偏差不超过10%，否则将达不到理想结果，如果小于5%，则认为匹配结果较好地匹配了处理组和控制组。表4-7报告了七种政策组合匹配变量的平衡性检验结果。可以看到，七种政策组合匹配后的标准化偏差都小于5%，匹配结果较好。其次，对 Psedo-R^2、χ^2、偏差均值（mean bias）进行分析。Psedo-R^2这一检验指标代表了样本中由相关协变量解释的程度，要求匹配后的值低于匹配前的值，匹配结果中，匹配后与匹配前相比显著降低。整体来看，所有样本匹配χ^2、偏差均值均显著下降。检验结果表明，匹配显著降低了处理组和对照组之间匹配变量的差异，最大限度降低了样本选择偏误，满足了平衡性假定，样本匹配比较成功。

表4-7　　七种政策组合匹配变量的平衡性检验结果

	样本	Ps R^2	LR Chi^2	P Chi^2	mean bias	med bias
政府补贴	匹配前	0.065	931.33	0	28.2	26.9
	匹配后	0	2.45	0.874	1.2	1.0
税收优惠	匹配前	0.092	1955.24	0	35.3	34.5
	匹配后	0.002	59.50	0	3.6	3.2
政府采购	匹配前	0.034	176.62	0	27.3	28.7
	匹配后	0.001	1.75	0.941	2.2	2.2

续表

	样本	Ps R^2	LR Chi^2	P Chi^2	mean bias	med bias
补贴—税收优惠	匹配前	0.101	1127.53	0	41.9	39.6
	匹配后	0	0.59	0.997	0.7	0.7
补贴—政府采购	匹配前	0.097	226.29	0	45.6	43.9
	匹配后	0.001	0.90	0.989	2.3	1.7
税收优惠—政府采购	匹配前	0.064	252.27	0	41.6	39.9
	匹配后	0.001	0.89	0.989	1.5	1.5
补贴—税收优惠—政府采购	匹配前	0.113	216.41	0	55.4	53.9
	匹配后	0.003	1.27	0.973	3.0	2.4

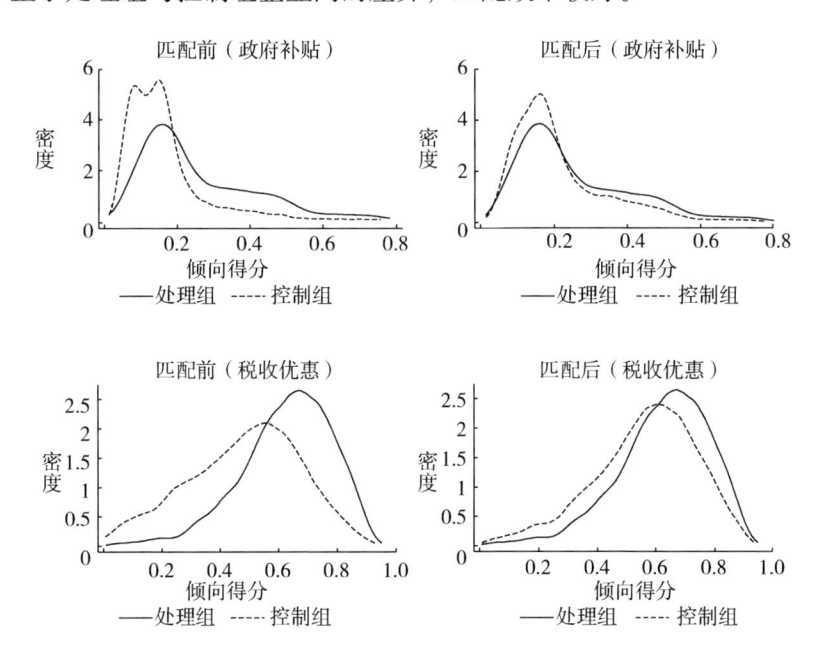

另外，本书绘制了七种政策组合匹配前后处理组与控制组的倾向得分概率分布图（见图4-2）。其中，横轴表示PS值，纵轴表示概率密度。总体而言，七种政策组合在匹配前处理组与控制组间的差异明显，说明两组样本的创新差异并不完全来自政策激励，存在很多混杂因素影响；而匹配后这种差异明显减小，PSM极大地修正了处理组与控制组企业间的差异，匹配效果较好。

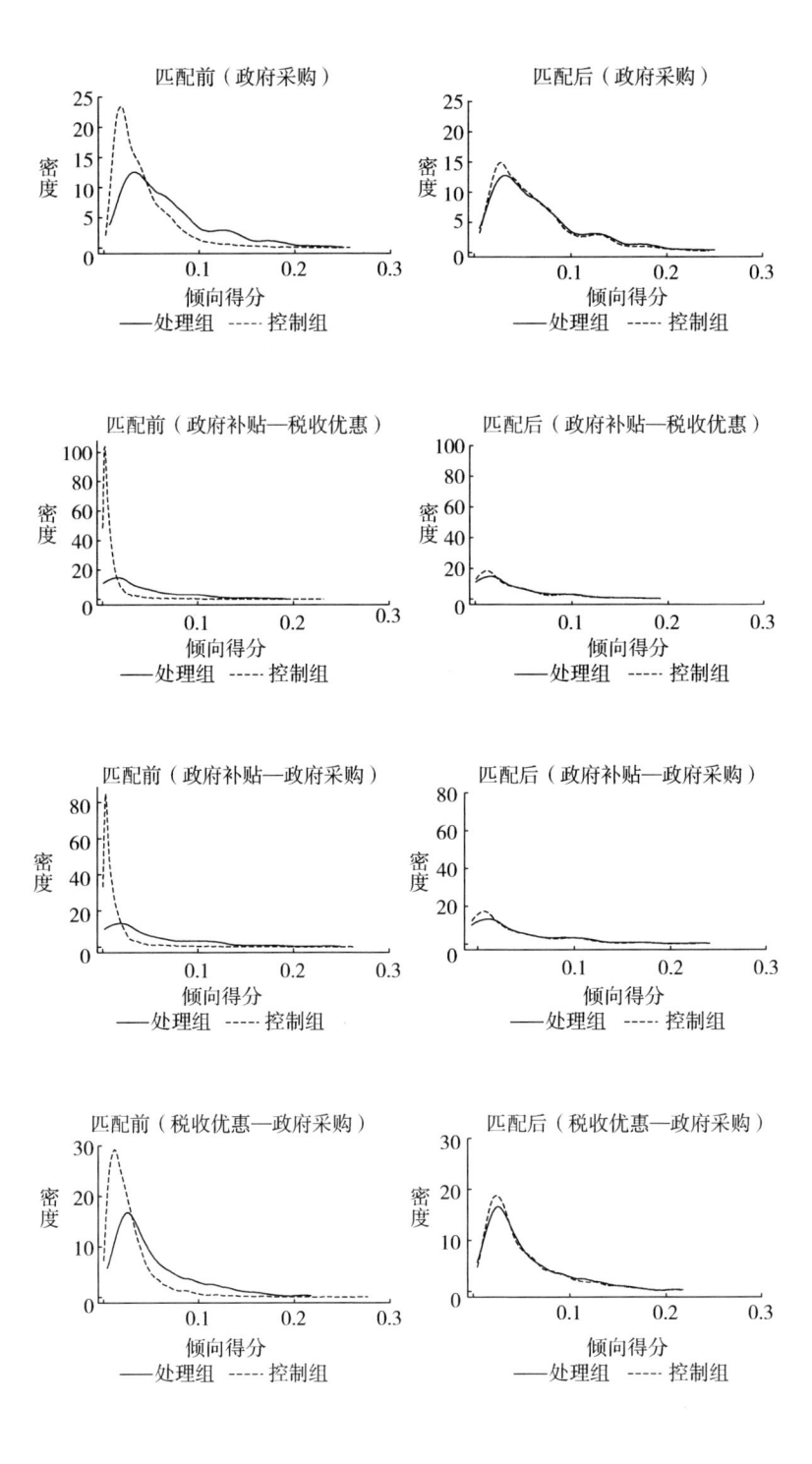

匹配前（政府补贴—税收优惠—政府采购）　匹配后（政府补贴—税收优惠—政府采购）

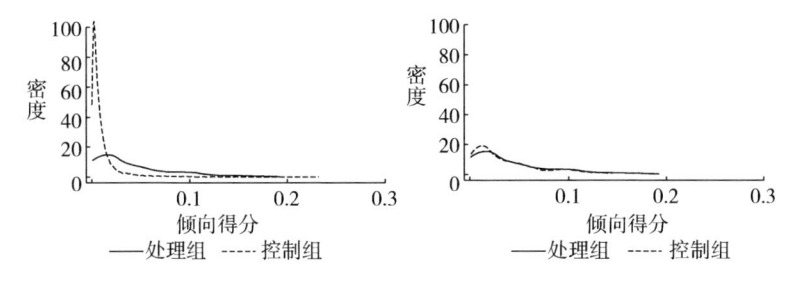

图 4-2　七种政策组合匹配前后处理组与控制组的倾向得分概率

四　科技政策组合对创新数量的影响

匹配平衡性检验通过之后要进行倾向得分匹配，以政府补贴、税收优惠、政府采购及其组合的七种形式分别对创新数量进行 PSM 估计。由于本书选用面板数据，在实证分析过程中考虑时间及个体固定效应，结果见表 4-8。

表 4-8　　政策组合对创新数量影响的 PSM 估计结果

	类别	处理组	控制组	ATT 值	标准误差	t 值
sub	匹配前	4.237	2.527	1.710***	0.103	16.550
	匹配后	4.235	3.017	1.217***	0.161	7.550
tax	匹配前	3.534	1.913	1.621***	0.079	20.620
	匹配后	3.526	2.468	1.057***	0.093	11.400
pp	匹配前	5.865	2.698	3.167***	0.200	15.830
	匹配后	5.865	3.619	2.246***	0.344	6.520
$sub-tax$	匹配前	4.976	2.541	2.435***	0.122	20.000
	匹配后	4.976	3.349	1.627***	0.217	7.490
$sub-pp$	匹配前	7.692	2.754	4.939***	0.329	15.000
	匹配后	7.692	3.919	3.773***	0.755	5.000
$tax-pp$	匹配前	6.054	2.732	3.323***	0.238	13.950
	匹配后	6.054	4.355	1.699***	0.471	3.610

续表

	类别	处理组	控制组	ATT 值	标准误差	t 值
$sub-tax-pp$	匹配前	7.879	2.767	5.112***	0.372	13.730
	匹配后	7.879	4.536	3.343***	0.892	3.750

注：***表示在1%的显著性水平下显著。

单一政策中，政府补贴对创新数量的平均处理效应为1.217，税收优惠对创新数量的平均处理效应为1.057，政府采购对创新数量的平均处理效应为2.246，政府补贴、税收优惠、政府采购对创新绩效的结果均为正，并且均在1%的水平下通过了显著性检验，即政府补贴、税收优惠、政府采购政策均对创新数量的提高具有积极作用。

两项政策组合检验中，政府补贴—政府采购对创新数量的平均处理效应为3.773，税收优惠—政府采购对创新数量的平均处理效应为1.699、政府补贴—税收优惠政策的处理效应为1.627，并且均在1%的水平下通过了显著性检验，科技政策两两组合的结果均显著为正，说明政府补贴、税收优惠、政府采购政策两两组合对创新数量的增加均具有激励作用。

进一步分析三项政策组合，结果中三项政策组合对创新数量的平均处理效应为3.343，在1%的水平下通过了显著性检验，说明在激励企业技术创新过程中，政府补贴、税收优惠、政府采购政策相互影响、相互促进，合力推动企业提高创新数量。

因此，科技政策组合对创新数量具有显著的正相关关系，假设4-1得以验证。

五 科技政策组合对创新质量的影响

（一）创新效率的测算

创新效率的测量方法主要有因子分析法、层次分析法、模糊综合评价法、参数法（自由分布法、随机前沿分析法、厚前沿分析法）、非参数法（数据包络分析法、无界分析法）、BP 神经网络法、密切值法、熵模型、平衡计分卡等。其中，非参数法中的数据包络分析（data envelopment analysis，DEA）法和参数法中的随机前沿分析（stochastic frontier analysis，SFA）法是创新效率的相关研究中应用最广泛的方法，这两种方法各具优势，但由于 DEA 设置了确定边界，而且不考虑测量误差，SFA 法在统计干扰处理以及测量误差上均具有优势，此外，SFA 模型对于面板数据更适用，因此，本书选用此种方法。

参考谢子远和王佳（2020）等的研究，设定柯布—道格拉斯形式的随机前沿模型：

$$Y_{it} = AL_{it}^{\alpha} K_{it}^{\beta} \exp(v_{it} - \mu_{it}) \qquad (4-4)$$

其中，Y_{it} 代表企业 i 在 t 时期的创新产出，L_{it}、K_{it} 分别代表企业 i 在 t 时期的创新人员与资本投入，α、β 分别为相应的投入产出弹性，A 为常数项。误差项 $v_{it} - \mu_{it}$ 为复合结构，其中 $v_{it} \sim N(0, \sigma_v^2)$ 表示随机扰动的影响；μ_{it} 为技术非效率项，服从非负断尾正态分布，即 $\mu_{it} \sim N(0, \sigma_\mu^2)$，代表实际产出与前沿最大产出之间的距离，距离越大，技术非效率的程度越大，意味着技术效率水平越低。v_{it} 与 μ_{it} 相互独立。技术效率 TE 可以通过 $TE_{it} = \exp(-\mu_{it})$ 求得。

将式（4-4）两边取对数，可得对数形式的柯布—道格拉斯随机前沿模型：

$$\ln Y_{it} = \ln A + \alpha \ln L_{it} + \beta \ln K_{it} + v_{it} - \mu_{it} \qquad (4-5)$$

其中，创新产出的指标一般有专利申请数量、新产品销售收入等，但并非所有的专利申请都能转化为创新产品及服务，实现创新价值，而新产品销售收入是技术创新的最终成果，代表技术创新的商业化阶段绩效，因此，参考 Guan 和 Pang（2017）、谢子远和王佳（2020）等的做法，以新产品销售收入作为创新产出的测度指标。创新投入包括创新的资本投入和人员投入，其中，创新人员投入以企业创新人员全时当量测量。创新的资本投入以企业研发费用总额来衡量，考虑到创新活动对生产的作用不只反映在当期，对于以后的生产也可以产生影响（Griliches，1980）。因此，本章使用永续盘存法把研发资本投入转化成资本存量，具体参照吴延兵（2008）、谢子远和王佳（2020）等的做法，用如下公式进行估计：

$$K_{it} = E_{i,t-1} + (1-\delta) K_{i,t-1} \quad (4-6)$$

其中 K_{it} 代表企业 i 在 t 时期的研发资本存量，E_{it} 代表企业 i 在 t 时期的研发经费内部支出，δ 为研发资本存量的折旧率，参照吴延兵（2008）等的做法，取 15%。其中基期研发资本存量用以下公式进行估计：

$$K_{i0} = E_{i0}/(g_i + \delta) \quad (4-7)$$

式（4-7）中 g_i 为企业 i 在观测期间的研发支出平均增长率。

然后基于极大似然法估计经验模型，得到各项参数，具体见表 4-9，企业创新资本的产出弹性 β 为 0.585，创新人员的产出弹性 α 为 0.423。说明企业研发费用每增加 1 个百分点，可引起新产品销售收入增加 0.585 个百分点；也说明研发人员数量每增加 1 个百分点，可促进新产品销售收入增长 0.423 个百分点。

表 4-9　　　　　　　　　　创新效率测算结果

	系数	标准差	t 检验值
ln$A$	2.751***	0.227	12.134
α	0.423***	0.022	18.884
β	0.585***	0.019	30.957
sigma – squared	71.336***	2.007	35.539
gamma	0.829***	0.005	157.625
Log likelihood	-43992.124		
LR test	5062.054		

注：***表示在 1% 的显著性水平下显著。

(二) 科技政策组合影响创新效率的实证结果

基于 PSM 方法分析七项科技政策组合对创新效率的影响，由于自变量与协变量与上部分研究一致，匹配平衡性检验也与上一部分一致，即匹配效果较好。同样考虑时间及个体固定效应，以三个近邻方法进行匹配，结果见表 4-10。

表 4-10　　政策组合对创新质量影响的 PSM 估计结果

	类别	处理组	控制组	ATT 值	标准误差	t 值
sub	匹配前	0.147	0.105	0.042***	0.004	10.540
	匹配后	0.147	0.118	0.029***	0.005	5.410
tax	匹配前	0.134	0.085	0.049***	0.003	16.400
	匹配后	0.134	0.103	0.031***	0.004	8.360
pp	匹配前	0.199	0.109	0.090***	0.008	11.800
	匹配后	0.199	0.133	0.066***	0.012	5.580
$sub-tax$	匹配前	0.166	0.106	0.061***	0.005	13.060
	匹配后	0.166	0.128	0.038***	0.007	5.570
$sub-pp$	匹配前	0.246	0.111	0.135***	0.013	10.770
	匹配后	0.246	0.143	0.103***	0.022	4.600
$tax-pp$	匹配前	0.198	0.110	0.088***	0.009	9.700
	匹配后	0.198	0.144	0.054***	0.015	3.700
$sub-tax-pp$	匹配前	0.232	0.111	0.121***	0.014	8.480
	匹配后	0.232	0.162	0.070***	0.026	2.750

注：***表示在 1% 的显著性水平下显著。

单一政策中，政府补贴、税收优惠、政府采购对创新效率的平均处理效应分别为 0.029、0.004、0.012，并且都在 1% 的水平下通过了显著性检验，即政府补贴、税收优惠、政府采购政策均对创新质量的提升具有积极作用。

两项政策组合检验中，政府补贴—政府采购、税收优惠—政府采购、政府补贴—税收优惠政策组合与创新效率的平均处理效应分别为 0.038、0.103、0.015，均通过了显著性检验，说明政府补贴、税收优惠、政府采购政策两两组合对创新质量均具有激励作用。

进一步分析三项政策组合，结果中三项政策组合对创新效率的平均处理效应为 0.070，在 1% 的水平下通过了显著性检验，即政府补贴、税收优惠、政府采购三项科技政策组合促使企业提高创新质量。

因此，科技政策组合对创新质量的提升具有积极影响，假设 4-2 得到验证。

六 稳健性检验

第一，更换方法。在倾向得分匹配过程中使用了近邻匹配方法，为了证明结果不受具体匹配方法的影响，使用半径卡尺匹配、核匹配方法进行稳健性检验，此外，考虑创新绩效的离散程度，采用负二项回归分析方法进行稳健性检验，结果见表 4-11，与上述研究的结果一致，结果稳健。

表 4-11　　　　　　　　稳健性检验（更换方法）

	半径卡尺匹配		核匹配		负二项回归	
	创新数量	创新质量	创新数量	创新质量	创新数量	创新质量
sub	0.143*** (7.48)	0.023*** (4.76)	1.216*** (8.12)	0.028*** (5.80)	0.194*** (3.34)	0.135** (2.24)
tax	1.040*** (12.07)	0.029*** (8.47)	1.103*** (13.30)	0.032*** (9.68)	0.301*** (6.44)	0.288*** (5.38)
pp	2.242*** (7.34)	0.066*** (6.16)	2.708*** (8.95)	0.077*** (7.21)	0.538** (4.94)	0.401*** (4.23)
$sub-tax$	1.482*** (8.06)	0.034*** (5.50)	1.629*** (8.07)	0.037*** (6.19)	0.249*** (3.61)	0.197*** (2.95)

续表

	半径卡尺匹配		核匹配		负二项回归	
	创新数量	创新质量	创新数量	创新质量	创新数量	创新质量
$sub-pp$	3.635*** (5.26)	0.101*** (4.90)	4.034*** (5.95)	0.112*** (5.52)	0.499*** (2.79)	0.461*** (3.29)
$tax-pp$	2.316*** (5.72)	0.062*** (4.66)	2.710*** (6.77)	0.073*** (5.51)	0.361*** (2.79)	0.342*** (3.05)
$sub-tax-pp$	3.756*** (4.44)	0.078*** (3.31)	4.220*** (5.10)	0.098*** (4.23)	0.419** (2.08)	0.360** (2.23)

注：***、**分别表示在1%、5%的显著性水平下显著，括号内为t值。

第二，时间敏感性测试。考虑到技术创新活动的周期性及长期性，技术从研发到转化需要一定时间，科技政策对技术创新的影响很可能存在滞后性，为了消除时间趋势对结果的影响，采用时间敏感性测试进行稳健性检验，即将创新的结果变量进行滞后一期处理，结果见表4-12，结果稳健。

第三，替代变量。其一，创新数量。参考Pang等（2020）的做法，以专利申请数量作为创新数量的替代变量进行稳健性检验，结果见表4-12，与基准结果一致。其二，创新质量。本书采用随机前沿分析方法测算创新质量，其中人员投入以创新人员全时当量度量，资本投入以研发费用总额衡量，然而资本投入中通常包括人力资本支出方式的人员投入，即人员投入很可能进行了重复的计算，而其中通常也只包括研发阶段的投入，忽视了研发成果转化所投入的资源，最终造成拟合而得的创新效率值偏离了真实值（陈子韬等，2020）。因此，参考陈子韬等（2020）的做法，以新产品销售收入与新产品开发投入比值的对数作为创新质量的替代变量进行稳健性检验，其中，新产品销售收入代表市场价值形式的创新产出，新产品开发投入代表资本形式的创新综合投入，包括人力、设备以及资金等。结果见表4-12，与基准结果一致，结果稳健。

表 4–12 稳健性检验（替代变量、时滞性检验及 2SLS）

	替代变量		时滞性检验（滞后 1 期）		2SLS	
	创新数量	创新质量	创新数量	创新质量	创新数量	创新质量
sub	0.576*** (15.67)	0.090** (2.54)	0.918*** (4.77)	0.024*** (3.89)	0.209*** (4.68)	0.008*** (5.31)
tax	0.167*** (6.88)	0.112*** (6.10)	0.849*** (8.47)	0.029*** (7.48)	0.286*** (8.14)	0.011*** (11.60)
pp	0.149** (2.08)	0.349*** (6.15)	1.418*** (4.21)	0.069*** (5.65)	0.335** (2.30)	0.013*** (2.59)
$sub-tax$	0.619*** (13.33)	0.139*** (3.36)	1.207*** (4.58)	0.030*** (3.87)	0.193*** (8.66)	0.011*** (11.60)
$sub-pp$	0.673*** (5.19)	0.271** (2.51)	2.594*** (3.53)	0.090*** (3.79)	0.201*** (4.67)	0.008*** (5.34)
$tax-pp$	0.238*** (2.68)	0.282*** (3.86)	1.6222*** (3.97)	0.065*** (4.19)	0.191*** (8.28)	0.011*** (11.66)
$sub-tax-pp$	0.528*** (3.53)	0.282** (2.21)	2.516*** (3.18)	0.079*** (2.89)	0.195*** (8.72)	0.011*** (11.53)

注：***、**分别表示在1%、5%的显著性水平下显著，括号内为 t 值。2SLS 工具变量均能通过低识别和弱识别检验。

第四，内生性检验。科技政策组合激励企业提高创新绩效，反过来高绩效有可能使企业获得更多的科技政策组合，为解决科技政策组合与创新绩效可能存在的双向因果内生性问题，参考夏清华和何丹（2020）等的研究，选取滞后一期科技政策组合作为工具变量，采用两阶段最小二乘法（2SLS）进行内生性检验。同时，考虑 PSM 方法中科技政策组合为 0—1 变量，代表科技政策组合的有或无，为了进一步测度政策组合支持强度的影响，对自变量以企业获得的政策组合总额衡量并进行检验，结果见表 4–12，与基准结果一致。

第五节 科技政策组合对创新绩效
影响的差异分析

一 企业规模

企业规模是影响科技政策实施效果的重要因素之一，但究竟是大规模企业的政策实施效果更好，还是小规模企业的政策实施效果更好，至今尚未达成共识。目前主要存在三种观点：持大规模企业政策实施效果更好观点的学者认为，大规模企业在资金方面具有特别的优势，并且通常大规模企业的风险承担能力更强，科技政策的诱导作用可以更加有效地发挥。例如 Potì（2012）对意大利政府的 R&D 资助做了实证研究，结果表明其对大规模企业研发投入会产生挤入效应，提高创新绩效，但对小规模企业则产生挤出效应。持小规模企业政策实施效果更好的观点的学者认为，大规模企业的资金更加充裕，因此对政府支持的反应并不敏感，但对小规模企业而言，融资约束现象更加明显，即使其研发意愿很强，但是缺乏资金，阻碍其创新进程。科技政策组合可以有效缓解小规模资金问题，诱导企业投入创新。Miguel 和 Wouter（2012）的研究就表明政府 R&D 资助能够为中小企业的项目研发提供保证，增加企业研发投入，提高创新绩效。持倒"U"形观点的学者则认为企业规模的影响并不是简单的线性关系，企业规模在一定程度上对科技政策的影响是积极的，而超过该程度，则起到了抑制作用（Kumar 和 Saqib，1996）。

首先，大规模企业更易获得科技政策支持，而获得政策支持的大规模企业更易得到外部投资，缓解融资困境，更可能参与技术创新，获得更多的创新产品。其次，大规模企业有较强的资金实力、内控体系和规范的技术范式以及人才优势，保障技术创新得到多层次、连续持久的创新投入,从而推动企业提高创新数量(Hansen 和 Birkinshaw,2007;王旭和褚旭,2019)。大规模企业的市场控制能力较强,具有多重营销渠道,可以加速创新成果的商业价值转化,降低市场寻求、适应成本,提高创新转化效率(Romer,1990)。此外,兼并重组等企业规模化生产行为能够通过技术外溢给企业带来补偿,促使企业实现规模经济以及范围经济,提高创新水平。因此,科技政策组合对大规模企业创新质量的影响更显著。

因此,科技政策组合对大规模企业创新数量和创新质量的作用更明显。

企业规模以年度行业企业规模中位数为基准,高于中位数则为大企业,记为1;反之则为小企业,记为0。然后以企业规模、企业年龄、盈利能力、杠杆率、加入国内外产业联盟、营业收入等为控制变量,分析七种科技政策组合对不同规模企业创新数量和创新质量的影响(结果见表4-13)。

表4-13 不同规模科技政策组合与创新绩效

	创新数量			创新质量		
	小规模 b_0	大规模 b_1	系数差 b_0-b_1	小规模 b_0	大规模 b_1	系数差 b_0-b_1
sub	0.295** (2.18)	1.855*** (7.62)	-1.560 (0.000)	0.006 (0.93)	0.037*** (4.80)	—
tax	0.272*** (2.94)	1.794*** (11.34)	-1.522 (0.000)	0.009** (1.99)	0.054*** (8.85)	-0.045 (0.000)
pp	1.519*** (5.43)	2.690*** (5.31)	-1.171 (0.000)	0.027** (2.03)	0.089*** (5.13)	-0.062 (0.001)
$sub-tax$	0.387** (2.07)	2.101*** (7.05)	-1.714 (0.000)	0.007 (0.67)	0.043*** (4.80)	—
$sub-pp$	1.307** (2.52)	4.546*** (4.48)	-3.239 (0.000)	0.041 (1.57)	0.124*** (4.32)	—

续表

	创新数量			创新质量		
	小规模 b_0	大规模 b_1	系数差 b_0-b_1	小规模 b_0	大规模 b_1	系数差 b_0-b_1
$tax-pp$	0.938*** (2.60)	2.454*** (4.00)	-1.516 (0.005)	-0.007 (-0.45)	0.081*** (4.10)	—
$sub-tax-pp$	0.352 (0.56)	4.082*** (3.54)	—	-0.025 (-0.81)	0.106*** (3.30)	—
Observations	7774	7775	—	7774	7775	—

注：***、**分别表示在1%、5%的显著性水平下显著，括号内为t值（由于费舍尔组合检验报告p值，因此，系数差括号内为p值）。

第一，企业规模、科技政策组合与创新数量（见表4-13第2—3列）。七项科技政策组合形式中，政府补贴、税收优惠、政府采购、政府补贴—税收优惠、政府补贴—政府采购、税收优惠—政府采购对小规模企业创新数量的结果均显著为正，而政府补贴—税收优惠—政府采购三项政策组合对创新数量的结果不显著。说明政府补贴、税收优惠、政府采购政策的单一形式以及两项政策组合形式支持有利于小规模企业创新数量的提高，而三项政策组合形式支持对小规模企业创新数量无影响，进一步说明，对小企业而言，并非政策支持越多越好，政策支持过多反而使小规模企业创新停滞，不利于创新数量的增加。七项科技政策组合与大规模企业创新数量的结果均显著正相关，说明大规模企业获得科技政策支持，单一形式政策支持及两项、三项科技政策组合均有利于创新数量的提高。

从结果系数来看，不同企业规模对创新数量的影响似乎是不同的，大规模企业科技政策组合对创新数量的影响似乎更强。那么，从统计意义上来看，科技政策组合在不同企业规模中的实施效果是否真的存在差异，还需进一步检验。

通常检验组间系数差异的方法有三种，分别是引入交叉项（Chow检验）、似无相关模型检验（Suest）以及费舍尔组合检验（Fisher's

Permutation Test）。其一是 Chow 检验，直接在线性回归中加入交乘项，然后检验交乘项的系数显著性即可，这是用得最多最广泛的一种方法，可以通过 Chow 检验命令快速完成。使用的前提条件是假设干扰项同方差、独立同分布，而且假设控制变量系数在两组之间无明显差异。若不满足前提条件，如变量系数在两组之间存在差异，或存在异方差的情形，用 Chow 检验就会存在问题。变量系数在两组之间存在差异的解决方法是可以加入更多的交乘项，存在异方差的情形的解决方法是用 Robust 或 Cluster 聚类稳健标准误来解决。其二是似无相关模型检验：在假设两组样本的干扰项相关的前提下进行似无相关模型检验。前提条件比 Chow 检验更为宽松，可以允许两个干扰项有不同的分布。需要注意的是，Suest 适用于截面数据，不适用于面板数据；不能用 Xtreg 个体固定效应模型进行检验；除此之外，Suest 中不能用 Robust 进行异方差修正。其三是费舍尔组合检验，原理是 Bootstrap 抽样，检验两组系数差异是否异于零，所以每次结果可能不一样。具体做法是先算出两组系数差异，然后通过估计该统计量所处分布来推出经验 p 值，判断组间差异的显著性，费舍尔组合检验要求两组系数的虚拟变量个数一样。三种方法中费舍尔组合检验的假定条件更宽松并且不受模型的限制，因此，本书使用该方法进行检验。

结果见表4-13第4列，小规模企业与大规模企业的政府补贴、税收优惠、政府采购、政府补贴—税收优惠、政府补贴—政府采购、税收优惠—政府采购政策组合对创新数量的影响系数差显著为负，即上述六种科技政策组合对大规模企业创新数量的影响更强。而政府补贴—税收优惠—政府采购三项政策组合对小规模企业创新数量的结果不显著，对大规模企业显著，因此，科技政策组合对大规模企业创新数量的影响更强。

第二，企业规模、科技政策组合与创新质量（结果见表4-13第5—6列）。七项科技政策组合形式中，只有税收优惠、政府采购的单一形式对小规模企业创新质量的结果显著为正，其他形式科技政策组合结果均不显著，说明只有税收优惠、政府采购的单一形式政策对小规模企业创新质量的提升具有激励作用。七项科技政策组合形式对大规模企业创新质量均有显著的正相关关系，即科技政策组合有利于大规模企业创新质量的提升。

进一步对不同企业规模税收优惠、政府采购政策对创新质量影响进行费舍尔组合检验，结果见表4-13第7列，小规模企业与大规模企业税收优惠、政府采购政策对创新质量的影响系数差异在统计上显著为负，即小规模企业与大规模企业税收优惠、政府采购政策对创新质量的影响存在显著差异。其他政策组合对小规模企业创新质量的影响不显著，对大规模企业影响显著，因此，科技政策组合对创新质量的影响更强。

综上，科技政策组合对大规模企业创新数量和创新质量的激励作用更强。

二 市场竞争

市场竞争是企业为了自身利益最大化采取的互相竞争、较量、抗衡的行为以及过程。市场竞争通常包含竞争策略、竞争强度等方面的内容，在相关研究中，市场竞争大多是指市场竞争强度，即产品在市场中的竞争状况。

处于不同竞争环境下的企业，其创新绩效也可能截然不同。熊彼特（1942）指出垄断和企业创新活动联系密切，市场集中度的提高有助于企业从事技术创新活动；多数学者支持熊彼特的观点，认为市场集中度越高，对创新的激励作用越强。随着市场集中度的不断提高，产品市场竞争强度逐渐减弱，表明企业可能已经具有技术垄断优势，在短期内很难被其他企业模仿，因而更容易保持创新优势，得到更多的超额收益，企业创新的风险和成本的可控程度也在提高，企业创新的意愿和动力显著增强。一方面，科技政策组合会强化企业创新的动机和意愿，促使企业增加创新投入和产出；另一方面，企业创新投入的加大促使企业更加关注投入产出比，也有利于创新质量的提升。

相反，市场竞争强度越强，企业创新的风险和成本都越高，企业也就缺乏了创新的动力和意愿。同时，在高竞争产品市场中，企业有获得同样技术的机会，行业内竞争激烈，许多企业可能会模仿、抄袭竞争对手的技术或者产品，抑或是实施引进式创新，导致创新机会以及经济优势被竞争对手捷足先登。此外，产品同质化现象日益严重，也会导致科技政策组合对企业技术创新的杠杆作用消失。

因此，本章认为低市场竞争情境下，科技政策组合对创新数量、创新质量的影响更强。

市场竞争强度的测量参考夏清华和黄剑（2019）的做法，以企业销售费用与营业收入的比值衡量。该指标越大，代表企业所处的市场竞争环境越激烈。这一做法的基本假定是市场竞争越激烈，企业越愿意花更多的钱做广告，销售费用自然也越大。然后以企业规模、企业年龄、盈利能力、杠杆率、加入国内外产业联盟、营业收入等为控制变量，分析不同市场竞争强度下七种科技政策组合对企业创新数量和创新质量的影响，结果见表4-14。

表4-14　　　　不同市场竞争强度科技政策组合与创新绩效

	创新数量			创新质量		
	低市场竞争 b_0	高市场竞争 b_1	系数差 b_0-b_1	低市场竞争 b_0	高市场竞争 b_1	系数差 b_0-b_1
sub	1.837*** (7.19)	0.319** (2.14)	1.518 (0.000)	0.049*** (5.99)	0.002 (0.28)	—
tax	1.380*** (8.92)	0.848*** (8.31)	0.532 (0.000)	0.034*** (5.67)	0.031*** (6.92)	0.003 (0.000)

续表

	创新数量			创新质量		
	低市场竞争 b_0	高市场竞争 b_1	系数差 b_0-b_1	低市场竞争 b_0	高市场竞争 b_1	系数差 b_0-b_1
pp	2.961*** (4.81)	1.734*** (6.60)	1.227 (0.000)	0.095*** (4.94)	0.038*** (3.08)	0.057 (0.000)
$sub-tax$	2.140*** (6.82)	0.614*** (3.06)	1.526 (0.000)	0.051*** (5.38)	0.011 (1.30)	—
$sub-pp$	5.052*** (4.11)	1.158** (2.49)	3.894 (0.000)	0.128*** (3.74)	0.035 (1.52)	—
$tax-pp$	2.980*** (3.91)	0.897*** (2.71)	2.083 (0.000)	0.100*** (4.40)	0.013 (0.91)	—
$sub-tax-pp$	4.702*** (3.26)	0.977* (1.82)	3.725 (0.000)	0.118*** (3.10)	0.017 (0.68)	—
Observations	7387	8162	—	7387	8162	—

注：***、**、*分别表示在1%、5%、10%的显著性水平下显著，括号内为t值（由于费舍尔组合检验报告p值，因此，系数差括号内为p值）。

第一，市场竞争、科技政策组合与创新数量（结果见表4-14第2—3列）。结果发现，无论是高市场竞争还是低市场竞争，七种科技政策组合形式对企业的创新数量均具有显著的正相关关系，即无论市场竞争强度如何，科技政策组合均能促进企业提高创新数量。

进一步进行费舍尔组合检验，结果见表4-14第4列，低市场竞争与高市场竞争环境下七项科技政策组合对创新数量的影响系数差均显著为正，说明低市场竞争环境下科技政策组合对企业创新数量的影响更强。

第二，市场竞争、科技政策组合与创新质量（结果见表4-14第5—6列）。在科技政策组合对创新质量的影响中，可以发现低市场竞争情境下，七种科技政策组合对创新质量的影响均显著为正，即政府补贴、税收优惠、政府采购政策的七种组合形式对低市场竞争环境下企业创新质量的提升具有积极作用。高市场竞争情境下，只有税收优惠、政府采购的单一形式与创新质量显著正相关，其他形式科技政策组合对创新质量的影响均不显著，即高市场竞争环境下，只有税收优惠、政府采购政策的单一形式对创新质量具有激励作用，其他组合形式对创新质量的提高无影响。

进一步对税收优惠、政府采购政策在不同市场竞争环境下对创新质量的影响进行费舍尔组合检验，结果见表4-14第7列，低市场竞争与高市场竞争环境下税收优惠、政府采购对创新质量的影响系数差显著为正，即低市场竞争环境下税收优惠、政府采购对创新质量的影响更强。其他政策组合对高市场竞争环境下的企业创新质量影响不显著，对低市场竞争下的企业影响显著，因此，科技政策组合对低市场竞争环境下企业创新质量的影响更强。

三 经济波动

经济周期伴随货币、商品以及就业的繁荣、萧条以及复苏。中国的创新系统行政色彩比较明显，创新行为很大一部分受到政策的推动（孙玉涛和苏敬勤，2012），而政策支持的推进贯穿整个经济时期，经济波动对科技政策效应也有一定的影响。

经济上行阶段，经济发展态势良好，市场需求相对旺盛，企业良好运营可能性较大，各项风险较低，企业的收益稳定，利润增加，能够使技术顺着既定的轨道连续、有序地进行创新，对创新的意愿更加强烈（汤伟钢和陈慧莉，2012）。另外，在经济繁荣期，各级政府会面临更为严格的考核要求，为了完成财政目标考核，政府对企业给予资源补助的动机更为强烈，而政府提供的资源为企业的技术创新活动提供了保障，推动企业提高创新数量，提升创新质量。

经济下行阶段，整体经济状况恶化，货币政策收紧，此时，企业的外部融资环境相对严峻，面临的融资门槛提高，融资难度加大，企业不得不降低负债，经营风险增加，最终导致利润下降。此时，为了恢复市场信心，保持经济良好运行，政府会通过一系列科技政策对企业施以援手，刺激企业投入技术创新。此外，技术创新具有逆周期性（邓可斌等，2016），在经济下行期，当企业现有的设备、技术等无法为其带来收益时，就更有动力投入技术创新，以技术突破克服经济下行期的困境，而企业利用科技政策组合的效率也会更高，即经济下行期，科技政策组合对创新绩效具有积极影响。

因此，无论是经济上行期还是经济下行期，科技政策组合对企业创新数量的提高以及创新质量的提升均具有激励作用。

经济波动一般采用 GDP 衡量，考虑到 GDP 通常受通货膨胀的影响很大，具有较强的时间趋势，参考陈冬等（2016）的做法，以消费物价指数（以 1978 年为基期）调整名义 GDP，然后分别以实际 GDP 的自然对数为因变量，使用 1、2、3、4、5、6 等序数代替年份作为自变量，利用普通最小二乘回归，得到的残差即为剔除时间趋势的实际 GDP。如果回归残差大于样本中位数，则经济波动取值为 1，为经济上行期；否则为 0，即为经济下行期。对不同经济周期的科技政策组合与创新绩效的关系进行实证分析，结果见表 4-15。

表 4-15　不同经济波动科技政策组合与创新绩效

	创新数量			创新质量		
	经济下行期 b_0	经济上行期 b_1	系数差 b_0-b_1	经济下行期 b_0	经济上行期 b_1	系数差 b_0-b_1
sub	1.732*** (6.39)	0.723*** (3.97)	1.009 (0.000)	0.035*** (4.78)	0.023*** (2.98)	0.012 (0.084)
tax	1.486*** (10.12)	0.777*** (6.56)	0.709 (0.000)	0.042*** (8.42)	0.025*** (4.65)	0.017 (0.028)
pp	1.050* (1.79)	3.324*** (7.85)	-2.274 (0.000)	0.036** (2.17)	0.093*** (5.77)	-0.057 (0.001)

续表

	创新数量			创新质量		
	经济下行期 b_0	经济上行期 b_1	系数差 $b_0 - b_1$	经济下行期 b_0	经济上行期 b_1	系数差 $b_0 - b_1$
$sub-tax$	2.168*** (5.92)	1.032*** (4.34)	1.136 (0.001)	0.048*** (5.12)	0.028*** (2.77)	0.020 (0.097)
$sub-pp$	2.954** (2.32)	4.336*** (4.74)	-1.382 (0.096)	0.087*** (2.66)	0.118*** (4.04)	-0.031 (0.045)
$tax-pp$	1.546*** (2.62)	3.246*** (5.24)	-1.700 (0.006)	0.045** (2.33)	0.071*** (3.26)	-0.026 (0.014)
$sub-tax-pp$	3.322*** (2.68)	4.827*** (3.99)	-1.505 (0.084)	0.071** (1.97)	0.106*** (3.02)	-0.035 (0.034)
Observations	7773	7776		7773	7776	

注：***、**、*分别表示在1%、5%、10%的显著性水平下显著，括号内为t值（由于费舍尔组合检验报告p值，因此，系数差括号内为p值）。

第一，经济波动、科技政策与创新数量。经济下行期，七项科技政策组合对创新数量的结果均显著为正；经济上行期，七项科技政策组合对创新数量的结果也均显著为正，因此，无论是经济下行期还是经济上行期，科技政策组合对企业创新数量的增加均具有激励作用。

费舍尔组合检验结果见表4-15第4列。经济下行期与经济上行期七项科技政策组合对创新数量的影响均存在着显著的差异，其中政府补贴、税收优惠、政府补贴—税收优惠政策组合的结果显著为正，即政府补贴、税收优惠及其组合在经济下行期对创新数量的影响更强；其他四项科技政策组合的结果显著为负，即政府采购及其与政府补贴、税收优惠的政策组合在经济上行期对创新数量的影响更强。

第二，经济波动、科技政策与创新质量。经济上行期及经济下行期背景下，七种科技政策组合形式对创新质量的结果均显著为正，说明无论宏观经济处于上行期还是下行期，科技政策组合对企业创新质量均具有积极作用。

费舍尔组合检验结果见表 4-15 第 7 列。经济下行期与经济上行期七项科技政策组合对创新数量的影响系数差均在统计上显著，其中政府补贴、税收优惠、政府补贴—税收优惠政策组合的结果显著为正，即政府补贴、税收优惠及其组合在经济下行期对创新质量的影响更强；其他四项科技政策组合的结果显著为负，即政府采购及其与政府补贴、税收优惠的政策组合在经济上行期对创新质量的影响更强。

因此，经济上行期、经济下行期科技政策组合对创新数量和创新质量均具有积极作用。政府补贴、税收优惠及其组合在经济下行期对创新绩效的影响更强，政府采购及其与政府补贴、税收优惠的政策组合在经济上行期对创新绩效的影响更强。

第六节　研究结论

本章将科技政策划分为政府补贴、税收优惠、政府采购、政府补贴—税收优惠、政府补贴—政府采购、税收优惠—政府采购、政府补贴—税收优惠—政府采购七项组合，从创新数量以及创新质量双维视角出发，分析科技政策组合对创新绩效的影响，并进一步分析了不同企业规模、市场竞争、经济波动情境下的影响差异。得到如下结论。

第一，七项科技政策组合对创新数量均具有显著的正向影响，即科技政策组合激励企业提高创新数量。

第二，七项科技政策组合对创新效率均具有显著的正向影响，即科技政策组合激励企业提升创新质量。

第三，企业规模。政府补贴—税收优惠—政府采购三项政策组合对小规模企业创新数量的结果不显著，其他政策组合形式结果显著；七项科技政策组合与大规模企业创新数量的结果显著正相关，费舍尔组合检验证明科技政策组合对大规模企业创新数量的影响更强。

　　七项科技政策组合形式中，只有税收优惠、政府采购的单一形式对小规模企业创新质量的结果显著为正，其他形式科技政策组合结果均不显著；七项科技政策组合形式对大规模企业创新质量均有显著的正相关关系，费舍尔组合检验进一步证明科技政策组合对大规模企业创新质量的影响更强。

　　因此，科技政策组合对大规模企业创新数量、创新质量的激励作用更强。科技政策组合对小规模企业的影响更多的是创新数量的提高，对创新质量的提升影响有限，并且对小企业而言，并非政策支持越多越好，政策组合对小规模企业创新绩效的影响效果并不明显，单一形式政策支持更能激励小规模企业创新发展，这与Dumont（2017）的研究一致。其原因可能在于，小规模企业的资金、人才、设备等资源有限，得到科技政策支持的小规模企业会更多地用于设备、人才等资源的建设上，以满足创新的基本需求，但仍难以提高创新质量。此外，相较于大规模企业，小规模企业的管理制度等可能有一定的差距，难以弥补科技政策缺乏监督机制的不足，导致科技政策组合的作用无法发挥出来。因此，在对小规模企业予以支持时要避免政策过多给企业带来的不利影响，实现政策目标。

　　第四，市场竞争。七种科技政策组合形式无论是对高市场竞争企业还是低市场竞争企业的创新数量，均具有显著的正相关关系，即无论市场竞争强度如何，科技政策组合均能促进企业提高创新数量，但低市场竞争环境下科技政策组合对创新数量的影响更强。

　　低市场竞争情境下，七种科技政策组合对创新质量的结果均显著为正；高市场竞争情境下，只有税收优惠、政府采购的单一形式与创新质量显著正相关，其他形式科技政策组合对创新质量的影响均不显著，费舍尔组合检验进一步证明低市场竞争情境下，科技政策组合对创新质量的积极作用更强。

因此，低市场竞争情境下，科技政策组合对创新数量和创新质量均有显著的影响；高市场竞争情境下，科技政策组合均能促进企业创新数量的提高，但对创新质量的提升只有税收优惠、政府采购的单一形式能够发挥作用，政策组合形式作用不明显。其原因考虑如下：高市场竞争强度下，企业研发的风险和成本都在加大，企业可能更多地关注创新数量的增加，以获得政府支持，吸引投资，但是得到政府支持的企业未必进行实质性创新（黎文靖和郑曼妮，2016），特别是得到科技政策组合支持的企业很可能将政府资源用于企业经营的其他用途，导致创新投入增加未能带来相应的产出，即创新质量未能得到提升。

第五，经济波动。无论是经济下行期还是经济上行期，七项科技政策组合对创新数量的结果均显著为正，即无论经济波动如何，科技政策组合对企业创新数量的增加均具有激励作用。费舍尔组合检验发现，政府补贴、税收优惠及其组合在经济下行期对创新数量的影响更强；政府采购及其与政府补贴、税收优惠的政策组合在经济上行期对创新数量的影响更强。

科技政策组合与创新质量的结果中，经济上行期及经济下行期背景下，七种科技政策组合形式对创新质量的结果均显著为正，即无论宏观经济处于经济上行期还是经济下行期，科技政策组合对企业创新质量均具有激励作用。政府补贴、税收优惠及其组合在经济下行期对创新质量的影响更强；政府采购及其与政府补贴、税收优惠的政策组合在经济上行期对创新质量的影响更强。

因此，无论是经济上行期还是经济下行期，科技政策组合对创新数量和创新质量均具有积极作用。政府补贴、税收优惠及其组合在经济下行期对创新绩效的影响更强，政府采购及其与政府补贴、税收优惠的政策组合在经济上行期对创新绩效的影响更强。

第五章 科技政策组合与研发投入

第一节 引言

国际竞争环境日益激烈,经济发展面临资源枯竭的现实困境,生态危机与环境问题愈加严峻,资源与投资驱动模式呈现路径依赖效应,技术创新成为世界各国发展的关键驱动力,探索一条适合本国发展的创新路径对国家发展而言迫在眉睫。

实施创新驱动发展战略是我国把握时代发展机遇、应对国际竞争挑战、谋求国家跨越发展的重大举措。但从我国创新驱动发展的实践来看,创新所需知识来源越来越泛化,创新过程不再是单一主体的行为,更多地表现为由多方合作的共同演进过程,创新模式逐渐从封闭式创新向网络化开放式创新、协同创新转变。

企业是技术创新的主体。从企业视角而言,企业创新发展的路径通常包括两种,其一是强调以现有资源与能力的开发和利用为主,谋求盈利能力的增强以及利润的递增;其二是强调未知领域资源的探索,创造新的竞争优势。第一条路径强调组织内部资源的利用与拓展,第二条路径需要加强与外部组织的联系和合作,强调组织间的合作。相应的,企业研发也包括内部研发和外部研发。内部研发以企业内部的资源以及能力为主,是企业的自主研发;外部研发强调外部资源的开拓和利用,为合作研发。相关研究主要集中在科技政策组合对企业内部研发投入的影响中，鲜有研究区分研发模式，科技政策组合对自主研发投入、合作研发投入的影响还存在较大研究空间。那么，科技政策组合对自主研发、合作研发投入的作用如何？不同情境下科技政策组合对不同模式研发投入的作用有何差异？这些问题尚未得到充分的研究。

基于此，本章将研发分为自主研发与合作研发，基于倾向得分匹配法分析政府补贴、税收优惠、政府采购、政府补贴—税收优惠、政府补贴—政府采购、税收优惠—政府采购、政府补贴—税收优惠—政府采购七种组合对不同模式研发投入的影响，并进一步分析了不同企业规模、市场竞争、经济波动情景下科技政策组合对研发投入的影响差异。

第二节 理论分析与研究假设

一 科技政策组合与自主研发投入

很多发达国家如美国、日本等都经历了引进—模仿—吸收—内化—原始创新的过程，在这一过程中，自主研发无疑是其中的关键环节。对于发展中国家而言，自主研发能力尤为重要，如果发展中国家缺乏自主研发能力，企业将会陷入引进—落后—再引进—再落后的重复怪圈。我国尤其重视企业的自主创新，自主创新在我国经济发展中已经被放到了尤为重要的位置。

自主研发的风险和不确定性更加明显，因此，大多企业自主研发的热情并不高，需要政府支持刺激企业增加自主研发投入，实现自主创新。具体来说，企业自主研发动力不足的原因主要有两个：市场失灵、融资约束。市场制度并不总是有效的，也会导致企业研发的社会效应高于企业获得的私人收益，使企业的研发收益达不到最优。科技政策组合可以减少知识溢出对企业产生的损害，激发企业的研发意愿。此外，研发投资可能受到融资限制（Bernini et al.，2017），而在不完善的资本市场中，研发过程往往不披露细节，以防止研发产品或者做法被竞争对手非法窃取（Brown et al.，2017），导致企业研发很难从外部渠道得到充分的资金支持，企业研发投入不足。

基于信号理论，科技政策组合向社会发出政策支持信息，代表企业良好的创新能力以及发展前景，吸引投资，解决产品或服务研发成果的正外部性问题，激励企业投入研发（Ozcelik 和 Taymaz，2008）。

具体来说，政府补贴可以作为一个积极的信号来解决外部投资者与企业之间的信息不对称问题。政府会派遣专家评估申请政府补贴的企业，并选择具有较强创新能力和发展前景的企业予以补贴（Takalo 和 Tanayama，2010；Chen et al.，2018）。政府补贴的信号帮助外部投资者了解到，被资助的企业具有很强的发展前景和能够完成研发活动的能力，从而降低信息不对称，吸引投资，激励企业投入自主研发。

税收优惠是政府的"辅助之手"，具有资源配置导向功能（胡华夏等，2017）。Cappelen 等（2012）研究发现 1 美元的税收优惠能够额外增加 1 美元的自主研发投入。税收优惠具有成本控制、市场干预、灵活管理等优势，降低企业自主研发的税收负担，降低自主研发成本，刺激企业投入自主研发（韩仁月和马海涛，2019）。

政府采购为企业自主研发提供稳定的市场需求，吸引外部消费者，为企业自主研发营造良好的市场环境，引导企业增加自主研发投入（苏婧，2017；邓翔，2018）。具体而言，政府采购可以从内、外两方面激励企业增加自主研发投入。对企业的内部推动作用体现在政府通过向企业预支一部分采购资金，提供企业研发活动所需启动资金，减小企业市场风险；政府采购能够有效地解决研发活动中的市场失灵，推动企业积极有效地进行 R&D 活动（Smits，2002）；

对采购企业的产品及服务提出一系列技术等方面的明确要求，这就从客观上影响了企业研发活动的方向；政府监督和管理企业 R&D 活动的产出也会提高企业的竞争力和技术创新能力（Edler 和 Georghiou，2007）。政府采购不但从内部推动企业创新，也会通过社会外部拉动作用对企业实施影响，政府采购使企业对经济和行业发展有良好的预期，增加企业信心，进而增加企业自主研发投入。因此，政府采购能够起到导向作用，直接或间接地带动企业增加自主研发投入（Uyarra 和 Flanagan，2010）。

政府补贴与税收优惠组合，能够有效缓解企业信息不对称带来的融资困难问题，吸引外部投资，增加企业自主研发资源。其中，政府补贴直接增加企业研发的资金，增加自主创新收益；税收优惠直接降低自主研发的税收负担，降低自主研发的成本，政府补贴与税收优惠组合从成本与收益两方面有效激励企业增加自主研发投入。

政府补贴与政府采购均具有政策选择偏好，符合一定条件的企业才可能获得政府补贴与政府采购，因此，政府补贴与政府采购组合的信号作用更强，向社会发出企业良好的发展现状及前景的信号，吸引投资者，缓解自主研发面临的融资困境。同时，政府补贴与政府采购组合为企业提供直接的研发资金以及稳定的政府需求，充分给予企业自主研发信心，促使企业增加自主研发投入。

税收优惠与政府采购组合直接降低自主研发的税收成本，同时稳定的政府需求使企业对经济和行业发展以及自主创新有良好的预期，激励企业增加自主研发投入。

政府补贴与税收优惠、政府采购组合能更大程度地给予企业自主研发的信心，向社会发出强大的政府支持创新发展的信号，吸引投资，缓解企业融资约束；同时，使新产品得到市场更广泛的认可，并刺激其他市场主体购买新产品，引起更大的产品需求，三项政策协同作用，全方位激励企业增加自主研发投入（豆士婷等，2019）。

据此，提出假设 5-1：

假设 5-1：科技政策组合对企业自主研发投入具有显著的正向影响。

二 科技政策组合与合作研发投入

企业开展研发活动通常需要大量的资本以及人员投入，而在由企业主导开展的合作研发活动中，虽然高校、科研院所可以提供研发平台、人才等资源支持，但通常还需企业投入大量的合作研发经费，保障合作创新活动中的技术研发、工程化试验、新产品上市等环节顺利推进并最终实现商业化。

资源基础观认为企业赖以获得竞争优势的有价值的资源都是稀缺、难以模仿、不能替代的。当自由市场交易并不是完全有效时，合作研发成为企业获取技术的又一种选择，故资源基础理论认为合作研发的动机主要在于：企业通过自身与对方资源的结合，实现资源的最大价值。产业组织理论以成本最小化为出发点，认为通过市场交易涉及较高的交易成本，而内部研发活动可以有效地控制这些成本，但同时也限制了与其他企业研发资源之间的联系。因此，通过建立合作关系，企业得以在低于市场交易成本的条件下，与外部资源建立联系。除此之外，组织学习理论角度的研究认为组织合作的主要动机是知识的学习和生产。以上理论分析视角可以使人联想到波特提出的成本和差异化战略，事实上合作研发是企业寻求生产成本和交易成本最小化（交易成本理论）的一种方式，也是企业实施差异化价值创造战略（资源基础与组织学习理论）的基础，其根本目的都是为了建立竞争优势，因此竞争优势（获利）是企业合作研发的原始动机。

在合作研发活动的开展和实施过程中，一方面，企业通常会首先从内部获取研发所需资源，但由于合作研发参与主体较多，涉及多方合作，与一般的自主研发相比具有更高的投入性以及风险性，而企业内部的资金等资源供给较为单一、脆弱，资金不足或中断必然会延长合作研发活动周期或迫使合作研发活动中止，一旦企业因经营问题等原因导致研发投入资金中断将会对合作研发活动造成不利影响，从而会对企业造成更大的损失，因此单独依靠企业内部资源投入往往难以实现对合作研发活动的有效支持。而另一方面由于研发活动具有较高的风险性，外部投资者根据合作研发活动的风险性提高融资的风险溢价，使企业获取外部资源的难度增加，影响企业主导的合作研发活动的顺利开展（张秀峰等，2019），导致企业合作研发投入不足。此时，科技政策组合支持一定程度上代表国家发展导向，向公众发出政府支持的信号，同时暗含企业良好运营的信号，加深相关合作者对企业的了解，增强合作者信心，降低合作研发成本，即积极的科技政策刺激了企业合作研发的倾向（Malerba 和 Nelson，2011）。

具体来说，政府补贴为企业合作研发直接给予资金支持，接受政府补贴可以帮助企业获得政府批准的认证，向社会发出企业能力及前景的信号（Bianchi et al.，2019），可以吸引外部投资，缓解合作研发过程的融资约束。政府信号帮助企业扩大与外部合作伙伴的合作，获取外部创新资源（Xu 和 Zhang，2008；Kleer，2010）。在政府补贴支持下，企业的行为会受到科技政策的方向引导，推动企业加强与外部机构的合作与人才交流，促进企业研发合作进程（Grilli 和 Murtinu，2018）。此外，企业合作研发能分散部分研发风险，研发合作可以使企业以更低的成本获取更大的收益。因此，政府补贴可以有效地激励企业投入合作研发。

税收优惠是一种间接支持行为，企业的技术转让、咨询等费用均可享受营业税减免，这在客观上为企业合作研发提供了税收优惠，降低了合作研发的成本，对合作研发的顺利进行发挥了积极作用。与政府直接补贴相比，税收优惠造成的寻租风险以及激励扭曲更低，在普遍性、公平性等方面的优势更大（杜千卉和张玉臣，2020）。

政府采购以政府为消费者产生特定需求，降低技术创新的风险与成本，增加企业技术创新的信心，而企业内部资金、技术、知识等资源有限，当企业无法依靠组织内部完成创新，或者仅仅依靠组织内部创新成本过高时，为求成本最小化，企业会通过外包、雇用创新团队、并购、颁发许可等方式寻求外部资源，其中与产学研以及产业链不同环节上的创新主体合作是一个重要的途径，即政府采购促使企业加强合作研发投入。

科技政策组合与合作研发投入。科技政策在企业合作网络中起到桥接作用，当企业获得政府补贴、税收优惠、政府采购的两项政策组合或三项政策组合时，可以更深程度地激发企业扩充资源和能力的意愿，推动企业利用不同领域的人才、不同环节的技术基础，加强与产业链以及产学研环节上企业间的合作（Wanzenböck 和 Scherngell，2013），以"联合体"的形式实现企业技术创新。此外，由于技术创新的复杂性、长期性以及外部环境的多变性、竞争的日益激烈，企业越来越难靠"单打独斗"实现技术突破，甚至在信息与科技迅猛发展的背景下，只有通过合作才能获得长期竞争优势。因此，科技政策组合作用激励企业加强合作研发投入。据此，提出假设 5-2：

假设 5-2：科技政策组合对合作研发投入具有显著的正向影响。

第三节 研究设计

一 数据来源与样本选择

本章数据与样本同第四章一致，即选取中关村科技园区 2013—

2018 年的企业为样本，数据来源于北京市统计局。为得到稳健结果剔除以下样本：第一，不符合会计准则样本，即总资产、营业收入、销售收入、无形资产等小于零的企业；第二，政府补贴、税收优惠、政府采购数据缺失样本；第三，样本期间不连续企业。最终剩余 2592 家企业，共计 15552 个样本。同时，为了消除极端值的影响，对所有连续变量进行了 1% 和 99% 水平上的 Winsorize 处理。

二 变量定义

（一）因变量

因变量为研发投入，包括自主研发投入和合作研发投入。

自主研发投入（indepen）是企业进行自主研发所投入的资源，以企业自主研发投入的资金总额衡量。

合作研发投入（coopera）是企业合作研发过程中所投入的资源，参考李玲（2011）等的研究，以企业的合作研发支出总额衡量。

（二）自变量

自变量为科技政策组合。包括政府补贴、税收优惠、政府采购政策及其组合形式，共计 7 个虚拟变量。自变量的定义与第四章一致。

控制变量及定义与第四章一致，即以企业规模、企业年龄、杠杆率、加入国内外产业联盟、盈利能力、营业收入、本科及以上员工数量等为控制变量。具体变量及定义见表 5 – 1。

表 5 – 1　　　　　　　　具体变量及定义

变量类型	变量名称	变量定义
因变量	自主研发投入（indepen）	ln（企业自主研发支出总额 + 1）
	合作研发投入（coopera）	ln（企业合作研发支出总额 + 1）

续表

变量类型	变量名称	变量定义
自变量	政府补贴（sub）	虚拟变量，获得政府补贴为1；反之，为0
	税收优惠（tax）	虚拟变量，获得税收优惠为1；反之，为0
	政府采购（pp）	虚拟变量，获得政府采购为1；反之，为0
	政府补贴—税收优惠（sub-tax）	虚拟变量，获得补贴及税收优惠为1；反之，为0
	政府补贴—政府采购（sub-pp）	虚拟变量，获得补贴及政府采购为1；反之，为0
	税收优惠—政府采购（tax-pp）	虚拟变量，获得税收优惠及政府采购为1；反之，为0
	政府补贴—税收优惠—政府采购（sub-tax-pp）	虚拟变量，获得补贴、税收优惠及政府采购为1；反之，为0
控制变量	企业规模（size）	ln（期末总资产+1）
	企业年龄（age）	ln（企业成立至当年的时间+1）
	杠杆（lev）	总负债/总资产
	加入国内外产业联盟（group）	虚拟变量，加入国内外产业联盟为1，反之为0
	盈利能力（roa）	（利润总额+利息收入）/总资产
	营业收入（income）	ln（企业营业收入+1）
	本科及以上员工数量（hedu）	ln（本科及以上员工数量+1）

三 模型构建

本章主要研究七项科技政策组合对自主研发投入及合作研发投入的影响。首先，分别对政府补贴、税收优惠、政府采购、政府补贴—税收优惠、政府补贴—政府采购、税收优惠—政府采购、政府补贴—税收优惠—政府采购七种科技政策组合与自主研发投入的关系进行实证分析；其次，对七项科技政策组合与合作研发投入的关系进行实证分析。模型构建如下：

$$indepen = \alpha_i \ (sub/tax/pp/sub-tax/sub-pp/tax-pp/sub-tax-pp) + \beta_i controls + year_i + firm_i + \varepsilon \quad (5-1)$$

$$coopera = \alpha_i \ (sub/tax/pp/sub-tax/sub-pp/tax-pp/sub-tax-pp) + \beta_i controls + year_i + firm_i + \varepsilon \quad (5-2)$$

其中，$indepen$ 代表自主研发投入，$coopera$ 代表合作研发投入，sub、tax、pp、$sub-tax$、$sub-pp$、$sub-tax-pp$ 为七项科技政策组合，$controls$ 为控制变量，$year_i$、$firm_i$ 分别代表时间效应、个体效应，ε 为随机误差项。

同第四章一致，考虑样本选择问题，获得政策支持的企业并非随机的，政府在决定支持对象时存在"挑选赢家"现象，即企业特征对政府支持的获得存在显著影响，因此，本章仍采用倾向得分匹配法进行实证分析。

第四节 实证结果

一 描述性统计与相关性分析

描述性统计见表5-2。可以发现，自主研发投入均值为7.217，合作研发投入均值为1.163，从均值来看，自主研发投入规模约是合作研发投入的6倍，说明我国企业的自主研发投入规模比合作研发投入规模大，自主研发是我国企业研发的主要活动；同时，无论是自主研发投入还是合作研发投入，投入最小值与最大值均有较大的差距，即企业间自主研发投入、合作研发投入的规模不一。自变量、控制变量与第四章一致，因此，自变量、控制变量描述性统计也与第四章一致。

表 5-2　　　　　　　　主要变量描述性统计

	均值	标准差	最小值	最大值
$indepen$	7.217	3.579	0	16.524
$coopera$	1.163	2.814	0	10.800
sub	0.174	0.379	0	1
tax	0.563	0.496	0	1
pp	0.040	0.196	0	1
$sub-tax$	0.116	0.321	0	1
$sub-pp$	0.014	0.119	0	1
$tax-pp$	0.028	0.165	0	1
$sub-tax-pp$	0.011	0.105	0	1
age	2.818	0.367	1.946	3.871
$size$	11.561	2.091	6.589	16.649
lev	0.504	0.420	0.009	2.826
$group$	0.124	0.330	0	1.000
roa	0.008	0.199	-1.188	0.457
$income$	10.907	2.155	5.130	15.718

同第四章一样，相关性检验中，自变量之间的相关性不影响实证结果，其他变量之间的相关系数大小基本适当，没有出现太大相关系数，具体见表 5-3，说明变量之间并不存在明显的共线性，可以进一步进行回归分析。

二　科技政策组合对自主研发投入的影响

基于倾向得分匹配法分析七项科技政策组合对自主研发投入的影响，由于样本、数据与第四章一致，自变量与协变量与第四章研究一致，因此，匹配平衡性检验与第四章一致，即匹配效果较好。考虑时间及个体固定效应，以三个近邻方法进行匹配，结果见表 5-4。

表 5-3　　相关性分析

	indepen	coopera	sub	tax	pp	sub-tax	sub-pp	tax-pp	sub-tax-pp	age	size	lev	group	roa	income
indepen	1														
coopera	0.069***	1													
sub	0.007	0.132***	1												
tax	0.193***	0.116***	0.097***	1											
pp	0.073***	0.077***	0.100***	0.056***	1										
sub-tax	0.040***	0.138***	0.790***	0.320***	0.105***	1									
sub-pp	0.064***	0.091***	0.263***	0.053***	0.592***	0.251***	1								
tax-pp	0.077***	0.085***	0.102***	0.150***	0.831***	0.151***	0.552***	1							
sub-tax-pp	0.065***	0.098***	0.232***	0.094***	0.523***	0.294***	0.882***	0.629***	1						
age	0.054***	0.059***	0.062***	0.092***	0.021	0.091***	0.018**	0.034**	0.032***	1					
size	0.145***	0.177***	0.150***	0.187***	0.078***	0.171***	0.084***	0.095***	0.084***	0.236***	1				
lev	-0.027***	-0.025***	-0.045***	-0.153***	-0.035***	-0.066***	-0.026***	-0.044***	-0.030***	-0.030***	-0.131***	1			
group	0.101***	0.095***	0.219***	0.089***	0.085***	0.201***	0.120***	0.088***	0.111***	0.066***	0.176***	-0.014*	1		
roa	0.094***	0.057***	0.032***	0.214***	0.032***	0.073***	0.024***	0.047***	0.030***	0.105***	0.266***	-0.426***	0.024***	1	
income	0.275***	0.193***	0.165***	0.299***	0.071***	0.213***	0.072***	0.091***	0.075***	0.287***	0.705***	-0.085***	0.179***	0.291***	1

注：***、**、*分别表示在1%、5%、10%的显著性水平下显著。

表 5-4　政策组合对自主研发投入影响的 PSM 估计结果

	类别	处理组	控制组	ATT 值	标准误差	t 值
sub	匹配前	7.272	7.206	0.066	0.076	0.870
	匹配后	7.272	6.749	0.523	0.105	4.970***
tax	匹配前	7.828	6.433	1.394	0.057	24.560***
	匹配后	7.825	7.623	0.202	0.074	2.740***
pp	匹配前	8.496	7.164	1.331	0.146	9.120***
	匹配后	8.496	8.145	0.351	0.153	2.300**
$sub-tax$	匹配前	7.615	7.165	0.450	0.089	5.030***
	匹配后	7.615	7.169	0.447	0.129	3.470***
$sub-pp$	匹配前	9.111	7.190	1.921	0.240	7.990***
	匹配后	9.111	8.573	0.537	0.270	1.990*
$tax-pp$	匹配前	8.850	7.171	1.680	0.174	9.680***
	匹配后	8.850	8.408	0.443	0.187	2.370**
$sub-tax-pp$	匹配前	9.407	7.193	2.214	0.271	8.160***
	匹配后	9.407	8.554	0.853	0.304	2.810***

注：***、**、*分别表示在1%、5%、10%的显著性水平下显著。

单一政策中，政府补贴对自主研发投入的平均处理效应为0.523，并且在1%的水平下通过了显著性检验；税收优惠对自主研发投入的平均处理效应为0.202，并且在1%的水平下通过了显著性检验；政府采购对自主研发投入的平均处理效应为0.351，在5%的水平下通过了显著性检验。即政府补贴、税收优惠、政府采购政策的单一形式对企业自主研发投入的提高均具有积极作用。

两项政策组合检验中，政府补贴—税收优惠、政府补贴—政府采购、税收优惠—政府政策与自主研发投入的平均处理效应分别为0.447、0.537、0.443，并且都通过了显著性检验，说明政府补贴、税收优惠、政府采购政策的两两组合对自主研发投入具有激励作用。

进一步分析三项政策组合，结果中三项政策组合与自主研发投入的平均处理效应为0.853，在1%的水平下通过了显著性检验，说明在激励企业技术创新过程中,政府补贴、税收优惠、政府采购三项科技政策相互影响、相互促进,合力推动企业增加自主研发投入。

因此,科技政策组合对自主研发投入均具有显著的激励作用,支持假设5-1。

三 科技政策组合对合作研发投入的影响

基于倾向得分匹配法分析科技政策组合对合作研发投入的影响,以三个近邻方法进行匹配,结果见表5-5。

表5-5　政策组合对合作研发投入影响的PSM估计结果

	类别	处理组	控制组	ATT值	标准误差	t值
sub	匹配前	1.974	0.992	0.981	0.059	16.630***
	匹配后	1.962	1.314	0.649	0.084	7.730***
tax	匹配前	1.452	0.792	0.661	0.045	14.620***
	匹配后	1.452	1.093	0.359	0.056	6.420***
pp	匹配前	2.227	1.119	1.108	0.115	9.650***
	匹配后	2.227	1.390	0.837	0.171	4.910***
$sub-tax$	匹配前	2.234	1.022	1.211	0.070	17.370***
	匹配后	2.234	1.499	0.735	0.107	6.900***
$sub-pp$	匹配前	3.283	1.132	2.150	0.189	11.400***
	匹配后	3.283	1.615	1.667	0.319	5.220***
$tax-pp$	匹配前	2.574	1.123	1.451	0.136	10.640***
	匹配后	2.574	1.574	0.999	0.214	4.660***
$sub-tax-pp$	匹配前	3.747	1.134	2.613	0.213	12.270***
	匹配后	3.747	1.876	1.870	0.377	4.960***

注:***表示在1%的显著性水平下显著。

单一政策中,政府补贴、税收优惠、政府采购对合作研发投入的平均处理效应分别为0.649、0.359、0.873,并且均在1%的水平下通过了显著性检验。即政府补贴、税收优惠、政府采购政策均对合作研发投入的增加具有积极作用。

两项政策组合中,政府补贴—税收优惠、政府补贴—政府采购、税收优惠—政府采购与合作研发投入的平均处理效应分别为0.735、1.667、0.999,并且都在1%的水平下通过了显著性检验,说明政府补贴、税收优惠、政府采购政策两两组合对合作研发投入的增加具有激励作用。

进一步分析三项政策组合,结果中三项政策组合与自主研发投入的平均处理效应为1.870,在1%的水平下通过了显著性检验,说明在激励企业技术创新过程中,政府补贴、税收优惠、政府采购三项科技政策相互影响、相互促进,激励企业提高合作研发投入。

因此,科技政策组合对合作研发投入均具有显著的激励作用,支持假设5-2。

四 稳健性检验

第一,更换方法。在倾向得分匹配过程中使用了近邻匹配方法,为了证明结果不受匹配方法的影响,使用半径卡尺匹配、核匹配方法进行稳健性检验,考虑企业研发投入的离散程度,采用负二项回归分析方法进行检验,结果见表5-6。结果与前述研究结果基本一致。

表5-6　　　　　稳健性检验(更换方法)

	半径卡尺匹配		核匹配		负二项回归	
	自主研发投入	合作研发投入	自主研发投入	合作研发投入	自主研发投入	合作研发投入
sub	0.442*** (4.81)	0.671*** (8.82)	0.423*** (4.68)	0.699*** (9.35)	0.005*** (2.76)	0.084*** (7.02)

续表

	半径卡尺匹配		核匹配		负二项回归	
	自主研发投入	合作研发投入	自主研发投入	合作研发投入	自主研发投入	合作研发投入
tax	0.228*** (3.26)	0.349*** (6.77)	0.272*** (4.05)	0.392*** (7.92)	0.027*** (20.25)	0.070*** (8.07)
pp	0.315** (2.36)	0.835*** (5.37)	0.726*** (5.59)	0.935*** (6.13)	0.011** (2.51)	0.076** (2.53)
$sub-tax$	0.449*** (4.02)	0.755*** (7.84)	0.485*** (4.41)	0.777*** (8.24)	0.028*** (10.40)	0.088*** (10.22)
$sub-pp$	0.569** (2.40)	1.631*** (5.50)	1.082*** (4.75)	1.782*** (6.14)	0.005*** (3.02)	0.081*** (7.21)
$tax-pp$	0.458*** (2.84)	1.037*** (5.38)	0.992*** (6.26)	1.210*** (6.29)	0.027*** (20.04)	0.072*** (8.25)
$sub-tax-pp$	0.776*** (2.92)	1.941*** (5.61)	1.500*** (5.92)	2.279*** (6.70)	0.027*** (20.19)	0.089*** (10.36)

注：***、**分别表示在1%、5%的显著性水平下显著，括号内为t值。

第二，时间敏感性测试。考虑到研发活动的周期性及长期性，科技政策组合效应很可能存在滞后性，为了消除时间趋势对结果的影响，将自主研发投入与合作研发投入做滞后一期处理，结果见表5-7，与上述结果基本一致，结果稳健。

表5-7　稳健性检验（时间敏感性检验及2SLS检验）

	时间敏感性检验（滞后1期）		2SLS	
	自主研发投入	合作研发投入	自主研发投入	合作研发投入
sub	0.868*** (8.92)	0.686*** (7.24)	0.140*** (16.93)	0.234*** (9.86)
tax	0.156* (1.84)	0.320*** (5.30)	0.114*** (17.75)	0.151*** (11.04)
pp	0.383** (2.00)	0.361** (2.07)	0.044** (2.33)	0.261*** (3.36)

续表

	时间敏感性检验（滞后1期）		2SLS	
	自主研发投入	合作研发投入	自主研发投入	合作研发投入
$sub-tax$	0.999*** (8.84)	0.746*** (6.27)	0.143*** (20.71)	0.189*** (13.44)
$sub-pp$	0.742*** (2.67)	0.896*** (2.67)	0.130*** (16.44)	0.224*** (9.85)
$tax-pp$	0.445* (1.81)	0.708*** (3.19)	0.113*** (17.48)	0.153*** (11.01)
$sub-tax-pp$	0.826** (2.49)	1.398*** (3.50)	0.141*** (20.42)	0.190*** (13.39)

注：***、**、* 分别表示在1%、5%、10%的显著性水平下显著，括号内为t值。2SLS工具变量均能通过低识别和弱识别检验。

第三，内生性检验。由于高研发投入有可能带来更高的科技政策支持，为解决科技政策组合与企业研发投入间可能存在的双向因果内生性问题，以滞后一期的科技政策组合作为工具变量，采用两阶段最小二乘法（2SLS）进行内生性检验，同时，倾向得分匹配过程中自变量为0-1变量，为了检验科技政策组合支持强度对研发投入的影响，对自变量设置为科技政策组合的总金额进行分析，结果见表5-7，结果稳健。

第五节 科技政策组合对研发投入影响的差异分析

一 企业规模

通常来讲，大规模企业比小规模企业进行研发的条件更有利（赵康生和谢识予，2017）。大规模企业拥有更强大的资金基础和技术支撑，通常在企业内部设立独立、专门的研发团队，拥有正式的研发体系和自主研发核心技术的实力,对技术前景的把握更好。而小规模企业的抗风险能力较低,面临的融资约束更大,尤其是自主研发活动的长周期性、不确定性等更加突出,通常小规模企业难以承担研发失败的风险。因此,科技政策组合对小规模企业自主研发投入的激励作用有限。综上,科技政策组合对大规模企业自主研发投入的正向影响更强。

大规模企业一般具有较好的企业品牌和声誉,随着企业规模的扩大,他们更加倾向于与其他相关主体合作研发,分散研发活动的风险。一方面,企业可以凭借良好的产品口碑、企业形象更易于获得相关主体的信任,推进合作研发的进程,降低产品的配套成本、市场寻求成本和市场推广成本。另一方面,大规模企业成为行业标准制定者的可能性更高,而这种标准多为产品标准,这对降低技术的不确定性,实现企业产品的广泛应用具有极大的优势。而规模较小的企业,大多处于刚刚起步或是正在成长的阶段,这个时期资金比较有限,知识、技术等还在不断积累之中,对技术把握不准,与其他企业合作很可能不被信任,并且小规模企业存在一定的规模缺陷,难以承受风险,制约其合作研发的积极性(Vrande et al., 2009;Giusti et al., 2020)。此外,小规模企业大多不具备识别有益的外部知识以及所需的专业人才和专用资源的能力,较低的吸收能力又制约其从合作研发活动中持续获益。Moretti 和 Biancardi(2020)的研究就表明,合作增加了大规模企业的经济绩效,但对小企业来说只是增加了员工数量,却没有显著改善企业绩效。因此,大规模企业科技政策组合对合作研发投入的正向影响更强。

因此,笔者认为,科技政策组合对大规模企业自主研发投入和合作研发投入的作用更强。

企业规模的分类与第四章一致,以年度行业企业规模中位数为基准,高于中位数则为大企业,记为1;反之则为小企业,记为0。

然后以企业规模、企业年龄、盈利能力、杠杆率、加入国内外产业联盟、营业收入等为控制变量,分析七种科技政策组合对不同规模企业自主研发投入和合作研发投入的影响,结果见表5－8。

表5－8　　　　　　不同规模科技政策组合与研发投入

	自主研发投入			合作研发投入		
	小规模 b_0	大规模 b_1	系数差 b_0-b_1	小规模 b_0	大规模 b_1	系数差 b_0-b_1
sub	0.359** (2.37)	0.606** (4.63)	-0.247 (0.000)	0.603*** (5.59)	0.635*** (5.31)	-0.032 (0.000)
tax	0.238*** (3.04)	0.306** (2.38)	-0.068 (0.010)	0.299*** (4.86)	0.503*** (5.37)	-0.204 (0.000)
pp	0.172 (0.97)	0.461** (2.12)	—	0.051 (0.26)	1.308*** (5.33)	—
$sub-tax$	0.497*** (3.06)	0.568*** (3.25)	-0.071 (0.000)	0.677*** (4.46)	0.702*** (5.00)	-0.025 (0.052)
$sub-pp$	0.252 (0.92)	0.806** (2.25)	—	0.568 (1.37)	2.051*** (5.04)	—
$tax-pp$	0.248 (1.12)	0.565** (2.24)	—	0.135 (0.50)	1.332*** (4.67)	—
$sub-tax-pp$	0.620*** (2.59)	0.787** (1.97)	-0.167 (0.094)	1.039* (1.94)	2.264*** (4.91)	-1.225 (0.005)
Observations	7774	7775	—	7774	7775	—

注:***、**、*分别表示在1%、5%、10%的显著性水平下显著,括号内为t值(由于费舍尔组合检验报告p值,因此,系数差括号内为p值)。

企业规模、科技政策组合与自主研发投入的实证结果见表5－8第2—3列。七项科技政策组合形式中,只有政府补贴、税收优惠、政府补贴—税收优惠、政府补贴—税收优惠—政府采购与小规模企业自主研发投入显著正相关,其他形式科技政策组合均不显著,说明只有政府补贴、税收优惠、政府补贴—税收优惠、政府补贴—税收优惠—政府采购对小规模企业自主研发投入的提升具有激励作用。七项科技政策组合与大规模企业自主研发投入的结果中，政府补贴、税收优惠、政府采购、政府补贴—税收优惠组合、政府补贴—政府采购、税收优惠—政府采购、政府补贴—税收优惠—政府采购对大规模企业自主研发投入均有显著的正相关关系，即科技政策组合对大规模企业自主研发投入的提高均具有激励作用。

对不同企业规模的政府补贴、税收优惠、政府补贴—税收优惠、政府补贴—税收优惠—政府采购对自主研发投入的影响进行费舍尔组合检验，结果见表5-8第4列，四项科技政策组合的系数差均显著为负，即政府补贴、税收优惠、政府补贴—税收优惠、政府补贴—税收优惠—政府采购政策对大规模企业自主研发投入的影响更强。

企业规模、科技政策组合与合作研发投入的实证结果见表5-8第5—6列。七项科技政策组合形式中，政府补贴、税收优惠、政府补贴—税收优惠、政府补贴—税收优惠—政府采购与小规模企业合作研发投入的实证结果显著为正，而政府采购、政府补贴—政府采购、税收优惠—政府采购对合作研发投入的结果不显著。七项科技政策组合与大规模企业合作研发投入的结果均显著正相关，说明大规模企业获得科技政策支持，单一形式政策支持及两项、三项科技政策组合均有利于企业合作研发投入的提高。

对不同企业规模的政府补贴、税收优惠、政府补贴—税收优惠、政府补贴—税收优惠—政府采购对合作研发投入的影响进行费舍尔组合检验，结果见表5-8第7列，四项科技政策组合的系数差均显著为负，即政府补贴、税收优惠、政府补贴—税收优惠、政府补贴—税收优惠—政府采购对大规模企业合作研发投入的激励作用更强。

综上，科技政策组合对大规模企业自主研发投入与合作研发投入的积极作用更强。

二 市场竞争

企业研发与否以及如何研发取决于企业对预期收入与成本的比较，也取决于企业个体特征和市场环境。市场为企业提供适宜研发的环境，企业会加快研发投入；反之，市场环境不适宜，企业会缩减研发投入或者取消研发投入。

在不同竞争环境下的企业，企业自主研发投入也不尽相同。市场竞争激烈，企业的垄断地位就很容易被打破，自主研发的优势更容易被其他企业所模仿，导致研发收益率较低，甚至不足以弥补研发成本，使企业自主研发的动力不足。即面对市场竞争的信号时，企业存在市场份额下降、竞争侵蚀利润的风险。与此相反，在一个竞争温和的环境中，企业可能具有规模垄断优势以及技术垄断优势，新产品进入市场获得成功的概率较大，并且在短期内很难被其他企业模仿，因而更容易保持研发优势，获取更多的超额收益，促使企业通过自主研发活动大幅度地降低生产成本，提高产品质量，实现技术升级，实现利润的增加（简泽等，2017）。此外，低竞争市场中，产品差异化更加显著，在其基础上企业能够通过增加研发投入来扩大这种差异化，包括产品差异以及种类差异，而正是产品的差异化程度明确了企业的市场地位及绩效。因此，低市场竞争环境更有可能引起企业决策者的注意，促使企业增加自主研发投入。

科技政策组合的信号降低了企业决策时的信息不完整性。低市场竞争环境下，当企业获得科技政策组合支持时，意味着政府信号的"质量"较高，更有可能激励企业将资源配置到生产性的创新活动上，降低非生产性的寻租活动的可能性，激励企业增加合作研发投入。同时，低市场竞争情境下，如何壮大技术实力、缩短研发时间、把握市场需求是企业的重要任务，而研发合作能够较好地把握技术前沿，同时花费的成本较小、风险更低，企业为了获得竞争优势，会增加合作研发投入。

因此，本章认为低市场竞争情境下科技政策组合对自主研发投入、合作研发投入的正向影响更强。

市场竞争的测量与第四章一致，用企业销售费用与营业收入的比值衡量，该指标越大，代表企业所面临的市场竞争越激烈。然后以年度行业企业市场竞争中位数为基准，高于中位数则为高市场竞争，记为1；反之则为低市场竞争，记为0，实证分析不同市场竞争强度下七种科技政策组合对企业自主研发投入和合作研发投入的影响，结果见表5-9。

表5-9 不同市场竞争强度科技政策组合与研发投入

	自主研发投入			合作研发投入		
	低市场竞争 b_0	高市场竞争 b_1	系数差 b_0-b_1	低市场竞争 b_0	高市场竞争 b_1	系数差 b_0-b_1
sub	0.477*** (3.16)	0.202 (1.47)	—	0.782*** (6.28)	0.455*** (4.42)	0.327 (0.000)
tax	0.295*** (3.37)	0.267** (2.25)	0.028 (0.318)	0.380*** (6.00)	0.360*** (3.85)	0.02 (0.004)
pp	0.483** (2.03)	0.193 (1.14)	—	1.342*** (4.86)	0.280 (1.62)	—
$sub-tax$	0.588*** (3.43)	0.356** (1.97)	0.232 (0.466)	0.842*** (5.85)	0.778*** (5.33)	0.064 (0.021)
$sub-pp$	0.742* (1.77)	0.383 (1.44)	—	2.065*** (4.33)	0.519 (1.49)	—
$tax-pp$	0.686*** (3.40)	0.650** (2.24)	0.036 (0.302)	1.659*** (5.14)	0.178 (0.80)	—
$sub-tax-pp$	1.013** (2.14)	0.495** (1.99)	0.518 (0.314)	2.509*** (4.79)	0.787* (1.84)	1.722 (0.000)
Observations	7387	8162	—	7387	8162	—

注：***、**、*分别表示在1%、5%、10%的显著性水平下显著，括号内为t值（由于费舍尔组合检验报告p值，因此，系数差括号内为p值）。

市场竞争、科技政策组合与自主研发投入的实证结果见表5-9第2—3列。结果发现，低市场竞争情境下，七项科技政策组合对企业自主研发投入的结果均显著为正，即低市场竞争情境下，政府补贴、税收优惠、政府采购及其组合形式对企业自主研发投入均具有激励作用。高市场竞争环境下，税收优惠、政府补贴—税收优惠、税收优惠—政府采购、政府补贴—税收优惠—政府采购对自主研发投入的结果显著为正，其他政策组合形式对自主研发投入的结果均不显著，即税收优惠、政府补贴—税收优惠、税收优惠—政府采购、政府补贴—税收优惠—政府采购对自主研发投入具有激励作用。

进一步地对不同市场竞争环境下的税收优惠、政府补贴—税收优惠、税收优惠—政府采购、政府补贴—税收优惠—政府采购对自主研发投入的影响进行费舍尔组合检验，结果见表5-9第4列，四项科技政策组合的系数差均未通过显著性检验，因此，上述四项科技政策组合对不同市场竞争环境下企业自主研发投入的激励作用差异不明显。

市场竞争、科技政策组合与合作研发投入的实证结果见表5-9第5—6列。可以发现低市场竞争情境下，七种科技政策组合形式对企业合作研发投入均具有显著的正相关关系，即政府补贴、税收优惠、政府采购的单一形式及组合形式均对企业合作研发投入的增加具有激励作用。高市场竞争情境下，政府采购、政府补贴—政府采购、税收优惠—政府采购对企业合作研发投入的影响不显著，其他政策组合形式对企业合作研发投入均具有显著的正相关关系，即高市场竞争情境下，政府补贴、税收优惠、政府补贴—税收优惠、政府补贴—税收优惠—政府采购对企业合作研发投入具有激励作用。

进一步地对不同市场竞争环境下的政府补贴、税收优惠、政府补贴—税收优惠、政府补贴—税收优惠—政府采购对合作研发投入的影响进行费舍尔组合检验，结果见表5-9第7列，四项科技政策组合的系数差均显著为正。因此，科技政策组合对低市场竞争环境下企业合作研发投入的激励作用更强。

三 经济波动

在经济上行期，经济较为繁荣，市场更加活跃，此时市场对产品的需求量不断扩张，企业生产的积极性提高，产销两旺，且资金支持充裕，使企业有能力投入研发。此外，宏观整体经济环境良好，企业经营业绩良好，使企业对未来预期较好，自主研发的信心更强。同时，经济上行期提供了更加适宜的合作环境，激励企业加强与产业链、产学研等相关主体的合作。因此，在经济上行期，科技政策组合对企业自主研发投入与合作研发投入均具有积极影响。

在经济下行期，经济消沉，市场相对萎靡，经济中的大多数行业都难以像宏观经济形势好时那样取得好的经营业绩。此外，在经济下行期，居民收入增幅放缓，市场的有效需求不再旺盛，产品销售受阻，存货积压，生产的积极性降低，且企业创造良好业绩的难度大大加强，投资者对企业的信心降低，导致企业研发缺乏资金支持，研发动力不足。此时，政府这只强有力的"看得见的手"很大程度上可以缓解企业在经济下行期对未来不确定的担忧。科技政策组合支持使企业获得更多的创新资源，推动企业通过研发获得异质性产品，摆脱经济下行期的企业困境。同时，科技政策组合可以吸引外部投资者，缓解经济下行期的资金困境，确保企业研发顺利进行。因此，在经济下行期，科技政策组合对企业自主研发投入与合作研发投入仍具有积极影响。

因此，本章认为，无论是经济上行期还是经济下行期，科技政策组合对自主研发投入、合作研发投入均具有显著的激励作用。

经济周期的测量方法与第四章一致，以消费物价指数（以1978年为基期）调整名义GDP，然后分别以实际GDP的自然对数为因变量，将年度使用1、2、3、4、5、6等序数代替，作为自变量，回归得到的OLS残差即为剔除时间趋势的实际GDP。如果回归残差大于样本中位数，则经济波动取值为1，为经济上行期；否则为0，即为经济下行期。然后实证分析不同经济波动下七种科技政策组合对企业自主研发投入和合作研发投入的影响，结果见表5-10。

表5-10　　　　　　不同经济波动科技政策组合与研发投入

	自主研发投入			合作研发投入		
	经济下行期 b_0	经济上行期 b_1	系数差 $b_0 - b_1$	经济下行期 b_0	经济上行期 b_1	系数差 $b_0 - b_1$
sub	0.484** (2.56)	0.321*** (5.29)	0.163 (0.000)	0.550*** (4.21)	0.819*** (7.53)	-0.269 (0.207)
tax	0.417*** (3.05)	0.307*** (6.43)	0.11 (0.000)	0.483*** (5.44)	0.272*** (3.83)	0.211 (0.108)
pp	0.600* (1.82)	0.288** (2.52)	0.312 (0.000)	0.511* (1.81)	0.935*** (4.40)	-0.424 (0.354)
$sub-tax$	0.591*** (2.58)	0.438*** (6.27)	0.153 (0.000)	0.741*** (4.56)	0.679*** (4.87)	0.062 (0.256)
$sub-pp$	1.356** (2.25)	0.371* (1.91)	0.985 (0.039)	1.392** (2.47)	1.442*** (3.73)	-0.05 (0.309)
$tax-pp$	1.011*** (2.88)	0.308** (2.21)	0.703 (0.000)	1.060*** (3.33)	1.153*** (4.00)	-0.093 (0.310)
$sub-tax-pp$	1.277*** (2.12)	0.505** (2.24)	0.772 (0.025)	1.903*** (3.15)	1.840*** (3.80)	0.063 (0.488)
Observations	7773	7776	—	7773	7776	—

注：***、**、*分别表示在1%、5%、10%的显著性水平下显著，括号内为t值（由于费舍尔组合检验报告p值，因此，系数差括号内为p值）。

科技政策组合与自主研发投入的结果中，在经济下行期，七项科技政策组合对自主研发投入的结果均显著为正；在经济上行期，七项科技政策组合对自主研发投入的结果均显著为正，即无论是经济下行期还是经济上行期，科技政策组合对企业自主研发投入均具有激励作用。进一步进行费舍尔组合检验，结果见表 5-10 第 4 列，七项科技政策组合的系数差均显著为正，因此，科技政策组合对经济下行期企业自主研发投入的激励作用更强。

科技政策组合与合作研发投入的结果中，经济下行期、经济上行期七种科技政策组合对合作研发投入均有显著的正相关关系，即无论宏观经济波动如何，科技政策组合对企业合作研发投入的增加均具有激励作用。进行费舍尔组合检验，结果见表 5-10 第 7 列，七项科技政策组合的系数差均未通过显著性检验，因此，科技政策组合对不同市场竞争环境下企业合作研发投入的激励作用并无明显差异。

因此，无论是经济上行期还是经济下行期，科技政策组合对创新数量和创新质量均具有积极作用。科技政策组合对经济下行期企业自主研发投入的激励作用更强，但对合作研发投入的激励作用差异并不明显。

第六节　研究结论

本章主要研究科技政策组合对研发投入的影响，根据组织边界和知识来源将研发模式分为自主研发与合作研发，分析七项科技政策组合对自主研发投入与合作研发投入的影响，并进一步分析了不同企业规模、市场竞争、经济波动情境下科技政策组合对研发投入影响的差异，得到结论如下。

第一，七项科技政策组合对自主研发投入均具有显著的正相关关系，即科技政策组合激励企业提高自主研发投入。

第二，七项科技政策组合对合作研发投入均具有显著的正相关关系，即科技政策组合激励企业提高合作研发投入。

第三，企业规模。一是企业规模、科技政策组合与自主研发投入。七项科技政策组合形式中，只有政府补贴、税收优惠、政府补贴—税收优惠、政府补贴—税收优惠—政府采购与小规模企业自主研发投入显著正相关，其他形式科技政策组合均不显著，说明只有政府补贴、税收优惠、政府补贴—税收优惠、政府补贴—税收优惠—政府采购对小规模企业自主研发投入的提升具有激励作用，进一步说明政府采购及其与政府补贴、税收优惠政策组合对小规模企业自主研发投入的影响有限。七项科技政策组合对大规模企业自主研发投入均有显著的正相关关系，即科技政策组合对大规模企业自主研发投入的提高均具有激励作用。进一步进行费舍尔组合检验，结果发现科技政策组合对大规模企业自主研发投入的影响更强。

二是企业规模、科技政策组合与合作研发投入。七项科技政策组合形式中，政府补贴、税收优惠、政府补贴—税收优惠、政府补贴—税收优惠—政府采购与小规模企业合作研发投入的结果显著为正，而政府采购、政府补贴—政府采购、税收优惠—政府采购对合作研发投入的结果不显著。说明政府补贴、税收优惠及其组合形式有利于小规模企业合作研发投入的提高，而政府采购及其与政府补贴、税收优惠政策组合对小规模企业合作研发投入无影响，即政府采购政策对小规模企业合作研发投入只有与政府补贴、税收优惠三项政策组合才能发挥激励作用。七项科技政策组合与大规模企业合作研发投入的结果均显著正相关，说明大规模企业科技政策组合均有利于企业合作研发投入的提高。费舍尔组合检验进一步证明，科技政策组合对大规模企业合作研发投入的影响更强。

综上，科技政策组合对大规模企业自主研发投入、合作研发投入的积极影响更强；对小规模企业而言，政府补贴、税收优惠、政府补贴—税收优惠对企业自主研发投入的提升具有激励作用，政府补贴、税收优惠及其组合形式对企业合作研发投入的提升具有激励作用，即政府补贴、税收优惠政策对小规模企业研发投入具有一定的积极作用。政府采购及其与其他政策组合对小规模企业研发投入无影响，其原因可能在于小规模企业大多处于刚刚起步或是正在成长的阶段，各项资源相对有限，相较于政府补贴、税收优惠这些可以直接得到政府资金支持的政策，政府采购需要完成政府订单，这对小规模企业来说难度较大，实施效果有限。因此，对小规模企业自主研发而言，更需要的是针对供给侧——企业方的政策激励，需求侧激励政策仍不能改善小规模企业自主研发资源不足的问题，导致政府采购及其组合形式政策对小规模企业自主研发投入的激励作用难以实现。

第四，市场竞争。一是市场竞争、科技政策组合与自主研发投入。低市场竞争情境下，七项科技政策组合对企业自主研发投入的结果均显著为正。高市场竞争环境下，税收优惠、政府补贴—税收优惠、税收优惠—政府采购、政府补贴—税收优惠—政府采购对自主研发投入的结果显著为正，其他政策组合形式对自主研发投入的结果均不显著。

二是市场竞争、科技政策组合与合作研发投入。低市场竞争情境下，七种科技政策组合形式对企业合作研发投入均具有激励作用。高市场竞争情境下，政府补贴、税收优惠、政府补贴—税收优惠组合、政府补贴—税收优惠—政府采购对企业合作研发投入具有激励作用。进一步进行费舍尔组合检验，结果证明低市场竞争情境下，科技政策组合对合作研发投入的积极影响更强，其原因可能在于，相较于高市场竞争环境，在低市场竞争环境下企业研发的风险和成本相对较小，与相关主体进行合作的意愿越强，对企业合作研发投入的积极作用越强。

因此，低市场竞争环境下，七项科技政策组合均能促进企业增加自主研发投入以及合作研发投入；高市场竞争环境下，税收优惠及其与其他政策组合能有效激励企业提高自主研发投入，政府补贴、税收优惠及其组合形式能有效激励企业提高合作研发投入，即高市场竞争环境下，税收优惠政策的作用更明显，其原因可能在于政府补贴、政府采购都具有一定的门槛，需经过多层筛选，对企业研发投入信心的重塑作用有限，难以弥补高市场竞争环境中的风险，导致科技政策对企业研发投入的杠杆作用消失，而税收优惠政策具有普适性，且门槛低，能够发挥对研发投入的激励作用。

第五，经济波动。其一，科技政策组合与自主研发投入的结果中，在经济下行期与经济上行期，七项科技政策组合对自主研发投入的结果均显著为正，即无论是经济下行期还是经济上行期，科技政策组合对企业自主研发投入均具有激励作用。费舍尔组合检验进一步证明科技政策组合对经济下行期企业自主研发投入的影响更强。在市场相对萎靡的经济下行期，企业创造良好业绩的难度大大加强，此时科技政策组合能有效激励企业通过自主研发实现技术突破，在相对消沉的经济背景下获得核心竞争优势，因此对自主研发投入的影响更强。

其二，科技政策组合与合作研发投入的结果中，在经济下行期、经济上行期，七种科技政策组合对合作研发投入均有显著的正相关关系，即无论宏观经济波动如何，科技政策组合对企业合作研发投入的增加均具有激励作用，并且科技政策组合对不同经济波动背景下的企业合作研发投入的影响差异不显著。

因此，无论是经济上行期还是经济下行期，科技政策组合对自主研发投入和合作研发投入均具有积极作用。不同经济波动中，科技政策组合对经济下行期企业自主研发投入的激励作用更强，但对合作研发投入的激励作用差异并不明显。

第六章 科技政策组合、研发投入与创新绩效

第一节 引言

基于复杂适应系统的刺激—反应模型,政府科技政策的制定会刺激企业做出反应,即科技政策组合刺激企业增加研发投入,而企业研发投入的增加使创新具备更多的资源,进而提高创新数量和创新质量,由此构建科技政策组合—研发投入—创新绩效的分析框架。目前已有研究提出研发投入在科技政策与创新绩效的关系中发挥中介作用,但对科技政策组合的关注较少,且并未区分研发模式。以组织边界以及知识来源为标准,本章将研发分为自主研发与合作研发,那么,科技政策组合是通过自主研发投入还是合作研发投入促使企业提高创新绩效?进一步的,科技政策组合是通过自主研发投入与合作研发投入推动企业创新数量的增加还是创新质量的提升?这些问题对企业研发决策以及政府科技政策的调整具有重要意义。

基于此,本章基于复杂适应系统理论的刺激—反应模型,认为科技政策组合通过激励企业增加自主研发投入以及合作研发投入来提高创新数量和创新质量,并通过实证分析方法,依据温忠麟(2004)提出的中介效应模型,检验自主研发投入与合作研发投入在科技政

策组合与创新数量、创新质量关系中的中介作用。

第二节 理论分析与研究假设

一 科技政策组合、研发投入与创新数量

(一) 科技政策组合、自主研发投入与创新数量

刺激—反应模型认为政府科技政策的制定会刺激企业对技术创新做出反应,即科技政策刺激企业增加研发投入、提高创新绩效。

科技政策组合有利于企业创新数量的增加。具体来说,政府补贴增加企业技术创新资源,降低技术创新的边际成本,并向社会发出政府引导创新以及企业信息的信号,吸引外部投资者,缓解信息不对称带来的融资约束,分散企业技术创新活动的风险,激励企业提高创新绩效 (Boeing, 2016);税收优惠降低了企业技术创新的税收负担,增加企业创新的预期收益,激励企业增加创新投入,增加创新产出,提高创新绩效 (Mukherjee et al., 2017; Gande et al., 2019);政府采购为企业创新提供稳定的市场需求,降低市场风险 (Mowery 和 Rosenberg, 1979),还能在全社会形成示范效应,刺激广大消费者的产品需求,营造稳定的市场环境,以需求拉动企业创新 (Aschhoff 和 Sofka, 2009);科技政策组合可以培育创新主体的创新意愿,降低技术风险、市场风险,同时可以降低创新成本,提高创新收益,优化创新环境,促使企业提高创新数量。另外,科技政策组合可以倒逼企业管理水平的提升,减少各种技术设备、人员等的资源消耗,实现资源的有效配置,提高创新质量。

科技政策组合激励企业增加自主研发投入。政府补贴增加企业研发资金,同时向社会发出企业运营良好的信号,吸引投资,缓解融资约束,增加企业自主研发投入的信心,激励企业增加自主研发投入 (章元等, 2018)。税收优惠降低企业自主研发的税收负

担，降低自主研发成本，刺激企业投入自主研发（韩仁月和马海涛，2019）。政府采购则为企业自主研发提供稳定的市场需求，吸引外部消费者，为企业自主研发营造良好的市场环境，引导企业增加自主研发投入（苏婧，2017；邓翔，2018）。科技政策两两组合、三项政策组合能更大程度地给予企业自主研发的信心，向社会发出政府支持创新发展的信号，吸引投资，缓解企业融资约束；同时，使新产品得到市场更广泛的认可，并刺激其他市场主体购买新产品或服务，引起更大的产品需求。政策组合协同作用，全方位激励企业增加自主投入，即科技政策组合激励企业增加自主研发投入。

自主研发的规模投入使企业创新得到更多的资源，促使企业对包括政策支持在内的各项资源进行整合、优化，有利于企业实现规模化生产，增加创新数量。同时，自主研发投入为企业改进产品功能和提高技术含量提供更充足的保证，加速新产品及服务的市场化进程，最终有利于创新数量的提高，即自主研发投入对创新数量的增加具有积极作用。因此，科技政策组合通过刺激企业增加自主研发投入，进而提高创新数量。即自主研发投入在科技政策组合与创新数量之间起中介作用。据此，提出假设6-1。

假设6-1：自主研发投入在科技政策组合与创新数量之间起中介作用。

（二）科技政策组合、合作研发投入与创新数量

如前所述，科技政策组合激励企业创新投入，增加创新数量，即科技政策组合对创新数量起激励作用。

合作研发能规避一定的风险，并且，研发合作可以使企业以更低的成本获取更大的收益，因此，科技政策激励企业提高合作研发投入。具体来说，在政府补贴支持下，企业的学习行为会受到科技政策方向的引导和鼓励，从而加强与外部机构的合作以及人才交流，即政府补贴能够有效促进企业增加合作研发投入。税收优惠是一种间接支持行为，企业的技术开发、转让和咨询费用均可享受税

收减免，刺激企业投入合作研发。政府采购以政府为消费者产生特定需求，可以降低创新的风险与成本，增加企业创新的信心。为求成本最小化，企业会通过外包、雇用创新团队、并购、颁发许可等方式寻求外部资源，即政府采购促使企业加强合作研发投入。当企业获得政府补贴、税收优惠、政府采购两项政策组合或三项政策组合时，能够更深程度地激发企业扩充资源和能力的意愿，激励企业向外寻求合作（Wanzenböck 和 Scherngell，2013），以"联合体"的形式实现创新。因此，科技政策组合激励企业加强合作研发投入。

有效的研发合作可以使企业得到更多的异质性资源，利于企业从共享资源中获得"关系租金"，实现优势互补、合作共赢，加速创新进程，使创新产出更优。同时，研发合作有利于推动整个行业的技术进步，使产业资源的无序状态变为有序状态，使整个行业呈现发展新态势，而行业发展环境的优化又会使企业获益，增加企业创新产出，即研发合作对创新数量具有积极影响（吴陈锐，2018）。科技政策组合刺激企业增加合作研发投入，从而提高创新数量。因此，合作研发投入起中介作用。据此，提出假设6-2。

假设6-2：合作研发投入在科技政策组合与创新数量之间起中介作用。

二 科技政策组合、研发投入与创新质量

（一）科技政策组合、自主研发投入与创新质量

科技政策组合有利于企业创新质量的提高。具体来说，政府补贴作为公共性投入的政府资金，可以有效弥补企业创新过程中的资金不足问题，促使企业购买研发设备、技术，提高创新的投入产出比（白俊红和李婧，2011），助推企业创新效率的改善；税收优惠作为一种较为直接、有效的科技政策，可以降低税收成本、增加税后收益、降低创新风险、减少现金流出、增加现金流入（王钊和王

良虎，2019），从而提高企业的创新质量；政府采购作为一项需求侧政策，是一项以完成政府订单为最终结果的激励政策，获得政府订单的企业会主动投入技术创新，以更精尖的技术、更高品质的产品及服务完成任务，并且为了寻求成本最小化，企业会在创新过程中将技术设备、人员等资源的消耗降到最低，提高创新效率，即政府采购也有利于企业创新质量的提高；科技政策组合能更大程度上激发企业技术创新的信心，激励企业投入技术创新，得到组合形式政策支持的企业会以尽可能低的消耗得到更高的产出，从而提高创新效率，即科技政策组合推动企业以最小的创新投入获得更大的创新产出。

如前所述，科技政策组合给予企业创新资源，并以政府支持信号吸引外部投资，缓解融资约束，并使企业自主研发的风险、成本大大降低，增强企业自主研发的信心，激励企业增加资金、人才、知识等资源投入（韩仁月和马海涛，2019），即政府补贴、税收优惠、政府采购及其组合形式激励企业增加自主研发投入。

自主研发投入的增加推动企业提高创新质量。自主研发的规模投入使企业有资金及能力对包括政府支持在内的各项资源进行整合、优化，助力企业实现技术突破、产品升级；同时，推动企业在创新过程中减少各种技术设备、人员及其他创新资源的损耗，提升技术转化效率，在既定条件下增加产出，即自主研发投入对创新质量的提升具有积极作用（Guerzoni 和 Raiteri，2015）。因此，科技政策组合激励企业提高自主研发投入，进而提高创新质量，即自主研发投入在科技政策组合与创新质量的关系中起中介作用。据此，提出假设6-3。

假设6-3：自主研发投入在科技政策组合与创新质量之间起中介作用。

（二）科技政策组合、合作研发投入、创新质量

科技政策组合倒逼企业管理水平的提升，企业为得到科技政策支持，往往会通过提升内部管理水平来达到相应的标准，提高资源的利用效率，从而提高企业的创新效率。企业得到政策组合支持是对企业本身的一种肯定，代表企业的良好运营情况及发展前景，科技政策组合向社会传递正向信号，可以吸引外部投资者（Li et al.，2019），规避逆向选择等问题，有效避免创新市场变成"柠檬市场"，有利于企业抓住合作机会，提高创新成果的转化效率，即科技政策组合激励企业提高创新质量。

基于信号理论，科技政策组合向社会发出企业良好创新能力和发展前景的信号，降低投资者与企业之间的信息不对称，加强相关合作者对企业的了解，增加其合作信心，降低合作成本，即科技政策组合有利于在企业、研究院所与大学等主体之间搭建沟通与合作平台，刺激企业进一步增加合作研发投入。

合作研发可以帮助企业获得更多的互补性资源，有助于企业资源开发、利用能力的提升，取得更好的创新效果。具体来说，在创新活动中，企业通过对外开放整合外部信息与资源，能够降低其在参与创新时的技术风险和市场风险，还能弥补自身研发能力不足的缺陷，从而提高创新绩效（Kilduff 和 Brass，2010）；合作研发有利于知识的流动和交换，有利于企业与其他主体建立、发展和维护信任关系，为企业获取更多异质性资源创造了条件，助推研发合作进程；有效的研发合作可以使企业从共享资源中获得"关系租金"，有助于企业开发新产品，掌握核心技术，开拓新市场，获取更多核心利润，实现优势互补、合作共赢，提升创新效率（Rouven et al.，2020），即合作研发投入对创新质量具有积极影响。

因此，合作研发投入在科技政策组合与创新质量之间起中介作用。据此，提出假设6-4：

假设6-4：合作研发投入在科技政策组合与创新质量之间起中介作用。

第三节 研究设计

一 数据来源与样本选择

本章样本与数据同第四章、第五章一致,即以北京市中关村国家自主创新示范区 2013—2018 年企业为样本,数据来源于北京市统计局。为得到稳健结果剔除以下样本:一是不符合会计准则样本,即总资产、营业收入、销售收入、无形资产等小于零的企业;二是政府补贴、税收优惠、政府采购数据缺失样本;三是样本期间不连续企业。最终剩余 2592 家企业,共计 15552 个样本。同时,为了消除极端值的影响,对所有连续变量进行了 1% 和 99% 水平上的 Winsorize 处理。

二 变量定义

(一) 因变量

因变量为创新绩效,同第四章研究一致,包括创新数量以及创新质量两个维度。

创新数量。创新数量代表创新规模,即企业创新投入、产出或市场收益的"量",以新产品销售收入衡量创新数量。

创新质量。创新质量代表创新水平,是企业以相同的投入获得更多的产出或者以较少的投入获得等量的产出的能力,以创新效率衡量。创新效率的测算根据随机前沿分析方法计算而得。其中,创新投入指标包括创新资本投入与人员投入,产出指标为新产品销售收入。

(二) 自变量

自变量为科技政策。包括政府补贴(sub)、税收优惠(tax)、政府采购（pp）、政府补贴—税收优惠（sub-tax）、政府补贴—政府采购（sub-pp）、税收优惠—政府采购（tax-pp）、政府补贴—税收优惠—政府采购（sub-tax-pp），共计7个虚拟变量。变量定义同第四章。

（三）中介变量

中介变量为研发投入，包括自主研发投入和合作研发投入。

自主研发投入（indepen），是企业进行自主研发所投入的资源，以企业自主研发投入的资金总额衡量。

合作研发投入（coopera），为企业合作研发过程中所投入的资源，参考李玲（2011）等的研究，以企业的合作研发支出总额衡量。

（四）控制变量

控制变量及其定义同第四章、第五章，以企业规模、企业年龄、杠杆率、加入国内外产业联盟、盈利能力、营业收入、本科及以上员工数量等为控制变量。具体变量及定义见表6-1。

表6-1　　　　　　　　　　具体变量及定义

变量类型	变量名称	变量定义
因变量	创新数量（inper）	ln（新产品的销售收入+1）
	创新质量（eff）	创新效率，根据SFA计算而得
自变量	政府补贴（sub）	虚拟变量，获得政府补贴为1；反之，为0
	税收优惠（tax）	虚拟变量，获得税收优惠为1；反之，为0
	政府采购（pp）	虚拟变量，获得政府采购为1；反之，为0
	政府补贴—税收优惠（sub-tax）	虚拟变量，获得补贴及税收优惠为1；反之，为0
	政府补贴—政府采购（sub-pp）	虚拟变量，获得补贴及政府采购为1；反之，为0
	税收优惠—政府采购（tax-pp）	虚拟变量，获得税收优惠及政府采购为1；反之，为0
	政府补贴—税收优惠—政府采购（sub-tax-pp）	虚拟变量，获得补贴、税收优惠及政府采购为1；反之，为0

续表

变量类型	变量名称	变量定义
中介变量	自主研发投入（indepen）	ln（企业自主研发支出总额+1）
	合作研发投入（coopera）	ln（企业合作研发支出总额+1）
控制变量	企业规模（size）	ln（期末总资产+1）
	企业年龄（age）	ln（企业成立至当年的时间+1）
	杠杆（lev）	总负债/总资产
	加入国内外产业联盟（group）	虚拟变量，加入国内外产业联盟为1，反之为0
	盈利能力（roa）	ln（利润总额+利息收入）/总资产
	营业收入（income）	ln（企业营业收入+1）
	本科及以上员工数量（hedu）	ln（本科及以上员工数量+1）

三　模型构建

采用温忠麟等（2004）提出的三步中介回归分析法，检验自主研发投入、合作研发投入在科技政策组合与创新绩效关系中的中介作用。首先检验自主研发投入、合作研发投入在科技政策组合与创新数量关系中的中介作用，构建模型如下：

$$inper = \beta_1(sub/tax/pp/sub-tax/sub-pp/tax-pp/sub-tax-pp) + \beta_i controls + year_i + firm_i + \varepsilon \quad (6-1)$$

$$zhongjie = \beta_2(sub/tax/pp/sub-tax/sub-pp/tax-pp/sub-tax-pp) + \beta_i controls + year_i + firm_i + \varepsilon \quad (6-2)$$

$$inper = \beta_3(sub/tax/pp/sub-tax/sub-pp/tax-pp/sub-tax-pp) + \beta_4 zhongjie + \beta_i controls + year_i + firm_i + \varepsilon \quad (6-3)$$

然后检验自主研发投入、合作研发投入在科技政策组合与创新质量关系中的中介作用，构建模型如下：

$$eff = \beta_1(sub/tax/pp/sub-tax/sub-pp/tax-pp/$$

$$sub-tax-pp)+\beta_i controls+year_i+firm_i+\varepsilon \quad (6-4)$$

$$zhongjie=\beta_2\ (sub/tax/pp/sub-tax/sub-pp/tax-pp/$$
$$sub-tax-pp)+\beta_i controls+year_i+firm_i+\varepsilon \quad (6-5)$$

$$eff=\beta_3\ (sub/tax/pp/sub-tax/sub-pp/tax-pp/sub-tax-$$
$$pp)+\beta_4 zhongjie+\beta_i controls+year_i+firm_i+\varepsilon \quad (6-6)$$

其中，inper 代表创新数量，eff 代表创新质量，zhongjie 为中介变量，分别为自主研发投入、合作研发投入，controls 为控制变量，$year_i$、$firm_i$ 分别代表时间效应、个体效应，ε 为随机误差项。

面板数据同时具有截面、时间、变量三个维度，因此面板数据模型在回归时更容易获得参数的无偏估计，也能够建立相对更为复杂的回归模型，因此，在本章的实证分析中选择面板数据分析方法。估计面板数据的一个极端策略是将其看成截面数据而进行混合回归（pooled regression），即要求样本中每个个体都拥有完全相同的回归方程。另一极端策略则是为每个个体估计一个单独的回归方程。前者忽略了个体间不可观测或被遗漏的异质性，而该异质性可能与解释变量相关从而导致估计不一致。后者则忽略了个体间的共性，也可能没有足够大的样本容量。因此，在实践中常采用折中的估计策略，即假定个体的回归方程拥有相同的斜率，但可以有不同的截距项，以此来捕捉异质性，这种模型被称为"个体效应模型"（individual-specific effects model），即：

$$y_{it}=x'_{it}\beta+z'_i\delta+u_i+\varepsilon_{it} \quad (6-7)$$

其中，z_i 为不随时间而变（time invariant）的个体特征，比如性别；而 x_{it} 可以随个体及时间而变（time-varying）。扰动项由 u_i 和 ε_{it} 两部分构成，称为"复合扰动项"（composite errorterm），而式（6-7）也称为"复合扰动项模型"（error components model）。其中，不可观测的随机变量 u_i 是代表个体异质性的截距项，故式（6-7）也称为"不可观测效应模型"（unobserved effects model）。在较早的文献中有时将 u_i 视为常数，但这也只是随机变量的特例，即退化的随机变量。ε_{it}为随个体与时间而改变的扰动项。假设$\{\varepsilon_{it}\}$为独立同分布，且与u_i不相关。如果u_i与某个解释变量相关，则进一步称之为"固定效应模型"（fixed effects model，简记 FE）。在这种情况下，OLS 是不一致的。解决的方法是将模型转换，消去u_i后获得一致估计量。

如果u_i与所有解释变量（x_{it}, z_i）均不相关，则进一步称之为"随机效应模型"（random effectsModel，简记 RE）。从经济理论的角度来看，随机效应模型比较少见，但仍须通过数据来检验究竟该用随机效应还是固定效应模型。显然，与截面数据相比，面板数据提供了更为丰富的模型与估计方法。

在处理面板数据时，究竟使用固定效应还是随机效应模型，这是一个基本问题。为此，通常进行豪斯曼检验（Hausman 检验）。

中介效应检验方法参考温忠麟（2004）提出的方法进行自主研发投入、合作研发投入中介效应的检验，程序如下所示。

第一，在不加入中介变量情况下，对式（6-1）、式（6-4）进行估计，如果科技政策组合系数β_1显著，表明科技政策组合对创新绩效具有总效应，可以进行后续分析，否则终止。

第二，对式（6-2）、式（6-5）进行估计，判断科技政策组合对研发投入的影响。

第三，加入中介变量，对式（6-3）、式（6-6）进行估计，如果β_2、β_4均显著，则表明中介效应存在；若β_3显著，则说明起到了部分中介效应；若β_3不显著，则说明起到了完全中介效应。

第四，若β_2、β_4至少有一个显著，尚需通过 Sobel 检验中介效应。

第四节 实证结果

一 描述性统计与相关性分析

主要变量描述性统计见表 6-2。由于样本和数据与第四章、第五章一致，因变量、自变量、控制变量的定义也一致，中介变量自主研发投入、合作研发投入的定义与第五章一致，因此，变量的描述性统计与其一致。

表 6-2　　主要变量描述性统计

	均值	标准差	最小值	最大值
$inper$	2.824	4.928	0	167.403
eff	0.113	0.187	0	1
sub	0.174	0.379	0	1
tax	0.563	0.496	0	1
pp	0.040	0.196	0	1
$sub-tax$	0.116	0.321	0	1
$sub-pp$	0.014	0.119	0	1
$tax-pp$	0.028	0.165	0	1
$sub-tax-pp$	0.011	0.105	0	1
$indepen$	7.217	3.579	0	16.524
$coopera$	1.163	2.814	0	10.800
age	2.818	0.367	1.946	3.871
$size$	11.561	2.091	6.589	16.649
lev	0.504	0.420	0.009	2.826
$group$	0.124	0.330	0	1.000
roa	0.008	0.199	-1.188	0.457
$income$	10.907	2.155	5.130	15.718

相关性检验中（见表 6-3），自变量之间的相关性不影响实证结果，其他变量之间的相关系数大小基本适当，没有出现太大相关系数，说明变量之间并不存在明显的共线性，可以进一步进行回归分析。

表 6 – 3 相关性分析

	inper	eff	sub	tax	pp	sub-tax	sub-pp	tax-pp	sub-tax-pp	indepen	coopera	age	size	lev	group	roa	income
inper	1																
eff	0.649***	1															
sub	0.132***	0.084***	1														
tax	0.163***	0.131***	0.097***	1													
pp	0.126***	0.094***	0.100***	0.056***	1												
sub-tax	0.158***	0.104***	0.790***	0.320***	0.105***	1											
sub-pp	0.119***	0.086***	0.263***	0.053***	0.592***	0.251***	1										
tax-pp	0.111***	0.078***	0.102***	0.150***	0.831***	0.151***	0.552***	1									
sub-tax-pp	0.109***	0.068***	0.232***	0.094***	0.523***	0.294***	0.882***	0.629***	1								
indepen	0.120***	0.122***	0.007	0.193***	0.073***	0.040***	0.064***	0.077***	0.065***	1							
coopera	0.112***	0.055***	0.132***	0.116***	0.077***	0.138***	0.091***	0.085***	0.098***	0.069***	1						
age	0.165***	0.190***	0.062***	0.092***	0.021**	0.091***	0.018**	0.034***	0.032***	0.054***	0.059***	1					
size	0.271***	0.142***	0.150***	0.187***	0.078***	0.171***	0.084***	0.095***	0.084***	0.145***	0.177***	0.236***	1				
lev	-0.048***	-0.013	-0.045***	-0.153***	-0.035***	-0.066***	-0.026***	-0.044***	-0.030***	-0.027***	-0.025***	-0.030***	-0.131***	1			
group	0.123***	0.096***	0.219***	0.089***	0.085***	0.201***	0.120***	0.088***	0.111***	0.101***	0.095***	0.066***	0.176***	-0.014*	1		
roa	0.113***	0.086***	0.032***	0.214***	0.032***	0.073***	0.024***	0.047***	0.030***	0.094***	0.057***	0.105***	0.266***	-0.426***	0.024***	1	
income	0.260***	0.193***	0.165***	0.299***	0.071***	0.213***	0.072***	0.091***	0.075***	0.275***	0.193***	0.287***	0.705***	-0.085***	0.179***	0.291***	1

注：***、**、*分别表示在 1%、5%、10% 的显著性水平下显著。

二　科技政策组合、研发投入与创新数量

（一）科技政策组合、自主研发投入与创新数量

本章选取中关村园区 2013—2018 年企业的面板数据进行分析。经 Hausman 检验应使用固定效应模型，回归结果见表 6-4、表 6-5、表 6-6。

表 6-4　科技政策组合、自主研发投入与创新数量关系检验结果

	indepen			*inper*					
sub	0.329*** (9.41)			1.002*** (9.68)	0.977*** (9.41)				
tax		0.347*** (12.68)				0.868*** (10.68)	0.844*** (10.35)		
pp			0.289*** (4.41)					2.450*** (12.72)	2.426*** (12.6)
indepen					0.075*** (3.17)		0.067*** (2.83)		0.092*** (3.45)
控制变量	控制	控制	控制	控制	控制	控制	控制	控制	控制
个体效应	控制	控制	控制	控制	控制	控制	控制	控制	控制
时间效应	控制	控制	控制	控制	控制	控制	控制	控制	控制
R^2	0.03	0.04	0.04	0.1	0.1	0.1	0.11	0.1	0.11
Prob > F	0	0	0	0	0	0	0	0	0
F	1400.87	1416.3	1386.09	226.94	202.96	229.78	205.23	236.4	211.61

注：*** 表示在 1% 的显著性水平下显著，括号内为 t 值。

表 6-5　科技政策组合、自主研发投入与创新数量关系检验结果

	indepen			*inper*			
sub - tax	0.383*** (9.24)			1.443*** (11.80)	1.415*** (11.54)		
sub - pp		0.641*** (5.96)				3.652*** (11.51)	3.602*** (11.34)

续表

	indepen		inper			
indepen				0.072*** (3.04)		0.079*** (3.35)
控制变量	控制	控制	控制	控制	控制	控制
个体效应	控制	控制	控制	控制	控制	控制
时间效应	控制	控制	控制	控制	控制	控制
R^2	0.03	0.04	0.10	0.11	0.10	0.11
Prob > F	0.00	0.00	0.00	0.00	0.00	0.00
F	1400.18	1389.51	233.26	208.47	232.34	207.91

注：*** 表示在1%的显著性水平下显著，括号内为t值。

表6-6　科技政策组合、自主研发投入与创新数量关系检验结果

	indepen		inper			
$tax-pp$	0.514*** (6.62)		2.268*** (9.90)	2.227*** (9.71)		
$sub-tax-pp$		0.849*** (7.01)			3.593*** (10.04)	3.526*** (9.84)
indepen				0.080*** (3.37)		0.079*** (3.34)
控制变量	控制	控制	控制	控制	控制	控制
个体效应	控制	控制	控制	控制	控制	控制
时间效应	控制	控制	控制	控制	控制	控制
R^2	0.04	0.04	0.10	0.11	0.10	0.11
Prob > F	0.00	0.00	0.00	0.00	0.00	0.00
F	1391.31	1392.43	227.55	203.67	227.92	203.96

注：*** 表示在1%的显著性水平下显著，括号内为t值。

政府补贴、自主研发投入与创新数量。控制了企业年龄、企业规模、企业杠杆、是否加入国内外产业联盟、盈利能力、本科及以上员工数量等，并控制个体效应、时间效应后，政府补贴对创新数量有显著的正向影响（$\beta_1 = 1.002$，$p < 0.001$）。进一步检验政府补

贴对自主研发投入的影响，结果显示政府补贴正向影响自主研发投入（$\beta_2 = 0.329$，$p < 0.001$）。然后检验自主研发投入的中介作用，当政府补贴和自主研发投入同时对创新数量进行回归时，自主研发投入对创新数量具有显著的正向影响（$\beta_4 = 0.075$，$p < 0.001$），政府补贴对创新数量也有显著的正向影响（$\beta_3 = 0.977$，$p < 0.001$），但 $\beta_3 < \beta_1$，说明自主研发投入在政府补贴和创新数量中起部分中介作用。

税收优惠、自主研发投入与创新数量。检验思路同上，税收优惠对创新数量有显著的正向影响（$\beta_1 = 0.868$，$p < 0.001$）。进一步检验税收优惠对自主研发投入的影响，结果中税收优惠正向影响自主研发投入（$\beta_2 = 0.347$，$p < 0.001$）。然后检验自主研发投入的中介作用，当税收优惠和自主研发投入同时对创新数量进行回归时，自主研发投入对创新数量具有显著的正向影响（$\beta_4 = 0.067$，$p < 0.001$），税收优惠对创新数量也有显著的正向影响（$\beta_3 = 0.844$，$p < 0.001$），但 $\beta_3 < \beta_1$，说明自主研发投入在税收优惠和创新数量中起部分中介作用。

政府采购、自主研发投入与创新数量。检验思路同上，政府采购对创新数量有显著的正向影响（$\beta_1 = 2.450$，$p < 0.001$）。然后检验政府采购对自主研发投入的影响，结果显示政府采购正向影响自主研发投入（$\beta_2 = 0.289$，$p < 0.001$）。进一步检验自主研发投入的中介作用，当政府采购和自主研发投入同时对创新数量进行回归时，自主研发投入对创新数量具有显著的正向影响（$\beta_4 = 0.092$，$p < 0.001$），政府采购对创新数量也有显著的正向影响（$\beta_3 = 2.426$，$p < 0.001$），但 $\beta_3 < \beta_1$，说明自主研发投入在政府采购和创新数量中起部分中介作用。

政府补贴—税收优惠、自主研发投入与创新数量。检验思路同上，政府补贴—税收优惠对创新数量有显著的正向影响（$\beta_1 = 1.443$，$p < 0.001$）。进一步检验政府补贴—税收优惠对自主研发投入的影响，结果显示政府补贴—税收优惠正向影响自主研发投入（$\beta_2 =$

0.383，$p<0.001$）。当政府补贴—税收优惠和自主研发投入同时对创新数量进行回归时，自主研发投入对创新数量具有显著的正向影响（$\beta_4=0.072$，$p<0.001$），政府补贴—税收优惠对创新数量也有显著的正向影响（$\beta_3=1.415$，$p<0.001$），但$\beta_3<\beta_1$，说明自主研发投入在政府补贴—税收优惠和创新数量中起部分中介作用。

政府补贴—政府采购、自主研发投入与创新数量。政府补贴—政府采购对创新数量有显著的正向影响（$\beta_1=3.652$，$p<0.001$）。政府补贴—政府采购正向影响自主研发投入（$\beta_2=0.641$，$p<0.001$）。当政府补贴—政府采购和自主研发投入同时对创新数量进行回归时，自主研发投入对创新数量具有显著的正向影响（$\beta_4=0.079$，$p<0.001$），政府补贴—政府采购对创新数量也有显著的正向影响（$\beta_3=3.602$，$p<0.001$），但$\beta_3<\beta_1$，即自主研发投入在政府补贴—政府采购和创新数量中起部分中介作用。

税收优惠—政府采购组合、自主研发投入与创新数量。税收优惠—政府采购组合对创新数量有显著的正向影响（$\beta_1=2.268$，$p<0.001$）。税收优惠—政府采购组合正向影响自主研发投入（$\beta_2=0.514$，$p<0.001$）。当税收优惠—政府采购和自主研发投入同时对创新数量进行回归时，自主研发投入对创新数量具有显著的正向影响（$\beta_4=0.080$，$p<0.001$），税收优惠—政府采购对创新数量也有显著的正向影响（$\beta_3=2.227$，$p<0.001$），但$\beta_3<\beta_1$，即自主研发投入在税收优惠—政府采购和创新数量中起部分中介作用。

政府补贴—税收优惠—政府采购、自主研发投入与创新数量。政府补贴—税收优惠—政府采购对创新数量有显著的正向影响（$\beta_1=3.593$，$p<0.001$）。政府补贴—税收优惠—政府采购正向影响自主研发投入（$\beta_2=0.849$，$p<0.001$）。当政府补贴—税收优惠—政府采购和自主研发投入同时对创新数量进行回归时，自主研发投入对创新数量具有显著的正向影响（$\beta_4=0.079$，$p<0.001$），政府补贴—税收优惠—政府采购对创新数量也有显著的正向影响（$\beta_3=$

3.526, $p<0.001$)，但$\beta_3<\beta_1$，即自主研发投入在政府补贴—税收优惠—政府采购和创新数量中起部分中介作用。

因此，自主研发投入在科技政策组合与创新数量的关系中起部分中介作用。假设 6-1 得到验证。

（二）科技政策组合、合作研发投入与创新数量

运用面板固定效应对科技政策组合、合作研发投入、创新数量进行多层次回归分析，结果见表 6-7、表 6-8、表 6-9。

表 6-7　科技政策组合、合作研发投入与创新数量关系检验结果

	coopera			inper					
sub	0.666*** (10.95)			1.002*** (9.68)	0.948*** (9.13)				
tax		0.348*** (7.27)				0.868*** (10.68)	0.838*** (10.32)		
pp			0.822*** (7.23)					2.450*** (12.72)	2.382*** (12.36)
coopera					0.081*** (5.94)		0.084*** (6.16)		0.082*** (6.05)
控制变量	控制	控制	控制	控制	控制	控制	控制	控制	控制
个体效应	控制	控制	控制	控制	控制	控制	控制	控制	控制
时间效应	控制	控制	控制	控制	控制	控制	控制	控制	控制
R^2	0.05	0.05	0.05	0.1	0.1	0.1	0.11	0.1	0.11
Prob > F	0	0	0	0	0	0	0	0	0
F	108.05	99.26	99.19	226.94	206.09	229.78	208.95	236.4	214.68

注：*** 表示在 1% 的显著性水平下显著，括号内为 t 值。

表 6-8　科技政策组合、合作研发投入与创新数量关系检验结果

	coopera		inper		
sub – tax	0.782*** (10.87)		1.443*** (11.80)	1.381*** (11.26)	
sub – pp		1.640*** (8.78)		3.652*** (11.51)	3.519*** (11.08)

续表

	coopera		inper			
coopera			0.079*** (5.77)		0.081*** (5.98)	
控制变量	控制	控制	控制	控制	控制	控制
个体效应	控制	控制	控制	控制	控制	控制
时间效应	控制	控制	控制	控制	控制	控制
R^2	0.05	0.05	0.10	0.11	0.10	0.11
Prob > F	0.00	0.00	0.00	0.00	0.00	0.00
F	107.81	102.43	233.26	211.47	232.34	210.96

注：***表示在1%的显著性水平下显著，括号内为t值。

表6-9　科技政策组合、合作研发投入与创新数量关系检验结果

	coopera		inper			
$tax-pp$	1.033*** (7.66)		2.268*** (9.90)	2.181*** (9.52)		
$sub-tax-pp$		2.024*** (9.62)			3.593*** (10.04)	3.427*** (9.56)
coopera			0.084*** (6.17)		0.082*** (6.01)	
控制变量	控制	控制	控制	控制	控制	控制
个体效应	控制	控制	控制	控制	控制	控制
时间效应	控制	控制	控制	控制	控制	控制
R^2	0.05	0.05	0.10	0.11	0.10	0.11
Prob > F	0.00	0.00	0.00	0.00	0.00	0.00
F	100.02	104.45	227.55	206.98	227.92	207.07

注：***表示在1%的显著性水平下显著，括号内为t值。

政府补贴、合作研发投入与创新数量。控制了企业年龄、企业规模、企业杠杆、是否加入国内外产业联盟、盈利能力、本科及以上员工数量等之后，政府补贴对创新数量有显著的正向影响（β_1 = 1.002，$p < 0.001$）。进一步检验政府补贴对合作研发投入的影响，

结果显示政府补贴正向影响合作研发投入（$\beta_2 = 0.666$，$p < 0.001$）。然后检验合作研发投入的中介作用，当政府补贴和合作研发投入同时对创新数量进行回归时，合作研发投入对创新数量具有显著的正向影响（$\beta_4 = 0.081$，$p < 0.001$），政府补贴对创新数量也有显著的正向影响（$\beta_3 = 0.9748$，$p < 0.001$），但$\beta_3 < \beta_1$，说明合作研发投入在政府补贴和创新数量中起部分中介作用。

其他科技政策组合、合作研发投入、创新数量关系检验同上，税收优惠、政府采购、政府补贴—税收优惠、政府补贴—政府采购、税收优惠—政府采购、政府补贴—税收优惠—政府采购对创新数量均有显著的正向影响，科技政策组合对合作研发投入均为显著正相关，当科技政策组合和合作研发投入同时对创新数量进行回归时，合作研发投入对创新数量具有显著的正向影响，科技政策组合对创新数量也均有显著的正向影响，并且$\beta_3 < \beta_1$，说明合作研发投入在科技政策组合和创新数量中均起部分中介作用。

综上，合作研发投入在科技政策组合与创新数量的关系中起部分中介作用，支持假设6-2。

三 科技政策组合、研发投入与创新质量

（一）科技政策组合、自主研发投入与创新质量

基于面板固定效应分析科技政策组合、自主研发投入与创新质量之间的关系，多层次回归结果见表6-10、表6-11、表6-12。

表6-10　科技政策组合、自主研发投入与创新质量关系检验结果

	indepen			*eff*				
sub	0.329*** (9.41)			0.022*** (5.4)	0.021*** (5.24)			

续表

	indepen			eff					
tax	0.347*** (12.68)			0.028*** (8.96)	0.027*** (8.68)				
pp		0.289*** (4.41)						0.065*** (8.82)	0.065*** (8.75)
indepen						0.002* (1.91)	0.002** (2.25)		0.002** (2.01)
控制变量	控制	控制	控制	控制	控制	控制	控制	控制	控制
个体效应	控制	控制	控制	控制	控制	控制	控制	控制	控制
时间效应	控制	控制	控制	控制	控制	控制	控制	控制	控制
R^2	0.03	0.04	0.04	0.08	0.08	0.08	0.08	0.08	0.08
Prob > F	0	0	0	0	0	0	0	0	0
F	1400.87	1416.3	1386.09	158.47	141.29	177.87	156.31	165.04	147.18

注：＊＊＊、＊＊、＊分别表示在1％、5％、10％的显著性水平下显著，括号内为t值。

表6－11　科技政策组合、自主研发投入与创新质量关系检验结果

	indepen		eff			
sub－tax	0.383*** (9.24)		0.032*** (6.73)	0.031*** (6.58)		
sub－pp		0.641*** (5.96)			0.094*** (7.69)	0.093*** (7.59)
indepen				0.002* (1.82)		0.002* (1.95)
控制变量	控制	控制	控制	控制	控制	控制
个体效应	控制	控制	控制	控制	控制	控制
时间效应	控制	控制	控制	控制	控制	控制
R^2	0.03	0.04	0.08	0.08	0.08	0.08
Prob > F	0.00	0.00	0.00	0.00	0.00	0.00
F	1400.18	1389.51	160.65	143.19	162.53	144.92

注：＊＊＊、＊分别表示在1％、10％的显著性水平下显著，括号内为t值。

表6-12　科技政策组合、自主研发投入与创新质量关系检验结果

	indepen		eff			
$tax-pp$	0.514 *** (6.62)		0.059 *** (6.71)	0.058 *** (6.60)		
$sub-tax-pp$		0.849 *** (7.01)			0.074 *** (5.39)	0.073 *** (5.27)
$indepen$				0.002 ** (1.96)		0.002 ** (2.01)
控制变量	控制	控制	控制	控制	控制	控制
个体效应	控制	控制	控制	控制	控制	控制
时间效应	控制	控制	控制	控制	控制	控制
R^2	0.04	0.04	0.08	0.08	0.08	0.08
Prob > F	0.00	0.00	0.00	0.00	0.00	0.00
F	1391.31	1392.43	160.62	143.23	158.46	141.33

注：***、** 分别表示在1%、5%的显著性水平下显著，括号内为t值。

政府补贴、自主研发投入与创新质量。控制了企业年龄、企业规模、企业杠杆、是否加入国内外产业联盟、盈利能力、本科及以上员工数量等，并控制个体效应、时间效应后，政府补贴对创新质量有显著的正向影响（$\beta_1=0.022$，$p<0.001$）。进一步检验政府补贴对自主研发投入的影响，结果显示政府补贴正向影响自主研发投入（$\beta_2=0.329$，$p<0.001$）。然后检验自主研发投入的中介作用，当政府补贴和自主研发投入同时对创新质量进行回归时，自主研发投入对创新质量具有显著的正向影响（$\beta_4=0.001$，$p<0.1$），政府补贴对创新质量也有显著的正向影响（$\beta_3=0.021$，$p<0.001$），但$\beta_3<\beta_1$，说明自主研发投入在政府补贴和创新质量的关系中起部分中介作用。

其他科技政策组合、自主研发投入、创新质量的关系检验思路同上，结果中税收优惠、政府采购、政府补贴—税收优惠、政府补贴—政府采购、税收优惠—政府采购、政府补贴—税收优惠—政府

采购对创新质量均有显著的正向影响，科技政策组合对自主研发投入均为显著正相关，当科技政策组合和自主研发投入同时对创新质量进行回归时，自主研发投入对创新质量具有显著的正向影响，科技政策组合对创新质量也均有显著的正向影响，并且$\beta_3 < \beta_1$，说明自主研发投入在税收优惠、政府采购、政府补贴—税收优惠、政府补贴—政府采购、税收优惠—政府采购、政府补贴—税收优惠—政府采购政策组合和创新质量的关系中均起部分中介作用。

综上，自主研发投入在科技政策组合与创新质量的关系中起部分中介作用，假设6-3得到验证。

（二）科技政策组合、合作研发投入与创新质量

多层次面板固定效应回归结果见表6-13、表6-14、表6-15。

表6-13 科技政策组合、合作研发投入与创新质量关系检验结果

	coopera			eff					
sub	0.666*** (10.95)			0.022*** (5.4)	0.021*** (5.23)				
tax		0.348*** (7.27)				0.028*** (8.96)	0.027*** (8.55)		
pp			0.822*** (7.23)					0.065*** (8.82)	0.065*** (8.71)
coopera					0.001* (1.71)		0.001* (1.68)		0.001* (1.67)
控制变量	控制	控制	控制	控制	控制	控制	控制	控制	控制
个体效应	控制	控制	控制	控制	控制	控制	控制	控制	控制
时间效应	控制	控制	控制	控制	控制	控制	控制	控制	控制
R^2	0.05	0.05	0.05	0.08	0.08	0.08	0.08	0.08	0.08
Prob > F	0	0	0	0	0	0	0	0	0
F	108.05	99.26	99.19	158.47	141.2	177.87	146.69	165.04	147.03

注：***、*分别表示在1%、10%的显著性水平下显著，括号内为t值。

表 6-14　　科技政策组合、合作研发投入与创新质量关系检验结果

	coopera		eff			
$sub-tax$	0.782*** (10.87)		0.032*** (6.73)	0.031*** (6.57)		
$sub-pp$		1.640*** (8.78)			0.094*** (7.69)	0.093*** (7.56)
$coopera$				0.001 (1.60)		0.001 (1.64)
控制变量	控制	控制	控制	控制	控制	控制
个体效应	控制	控制	控制	控制	控制	控制
时间效应	控制	控制	控制	控制	控制	控制
R^2	0.05	0.05	0.08	0.08	0.08	0.08
Prob > F	0.00	0.00	0.00	0.00	0.00	0.00
F	107.81	102.43	160.65	143.10	162.53	143.10

注：*** 表示在1%的显著性水平下显著，括号内为t值。

表 6-15　　科技政策组合、合作研发投入与创新数量关系检验结果

	coopera		eff			
$tax-pp$	1.033*** (7.66)		0.059*** (6.71)	0.058*** (6.59)		
$sub-tax-pp$		2.024*** (9.62)			0.074*** (5.39)	0.072*** (5.24)
$coopera$				0.001* (1.77)		0.001* (1.77)
控制变量	控制	控制	控制	控制	控制	控制
个体效应	控制	控制	控制	控制	控制	控制
时间效应	控制	控制	控制	控制	控制	控制
R^2	0.05	0.05	0.08	0.08	0.08	0.08
Prob > F	0.00	0.00	0.00	0.00	0.00	0.00
F	100.02	104.45	160.62	143.14	158.46	141.22

注：***、* 分别表示在1%、10%的显著性水平下显著，括号内为t值。

政府补贴、合作研发投入与创新质量。控制了企业年龄、企业规模、企业杠杆、是否加入国内外产业联盟、盈利能力、本科及以上员工数量等，并控制个体效应、时间效应后，政府补贴对创新质量有显著的正向影响（$\beta_1 = 0.022$，$p<0.001$）。进一步检验政府补贴对合作研发投入的影响，结果显示政府补贴正向影响合作研发投入（$\beta_2 = 0.666$，$p<0.001$）。然后检验合作研发投入的中介作用，当政府补贴和合作研发投入同时对创新质量进行回归时，合作研发投入对创新质量具有显著的正向影响（$\beta_4 = 0.001$，$p<0.1$），政府补贴对创新质量也有显著的正向影响（$\beta_3 = 0.021$，$p<0.001$），但$\beta_3 < \beta_1$，说明合作研发投入在政府补贴和创新质量的关系中起部分中介作用。

政府补贴—税收优惠、合作研发投入与创新质量。结果中政府补贴—税收优惠对创新质量有显著的正向影响（$\beta_1 = 0.032$，$p<0.001$），政府补贴—税收优惠对合作研发投入也有显著的正向影响（$\beta_2 = 0.782$，$p<0.001$），当科技政策组合和合作研发投入同时对创新质量进行回归时，政府补贴—税收优惠对创新质量也有显著的正向影响（$\beta_3 = 0.031$，$p<0.001$），但合作研发投入对创新质量的影响不再显著（$\beta_4 = 0.001$，$p>0.05$），因此需要进行Sobel检验。检验统计量$z = \beta_2\beta_4 / \sqrt{\beta_2^2 s_{\beta_4}^2 + \beta_4^2 s_{\beta_2}^2}$，其中，$\beta_2 = 0.782$，$\beta_4 = 0.001$，$s_{\beta_2} = 0.0719$，$s_{\beta_4} = 0.0005$，计算得$z = 1.967$，$p<0.05$，因此，合作研发投入在政府补贴—税收优惠与创新质量关系中的中介效应显著。

政府补贴—政府采购、合作研发投入与创新质量。结果中政府补贴—政府采购对创新质量有显著的正向影响（$\beta_1 = 0.094$，$p<0.001$），政府补贴—政府采购对合作研发投入也有显著的正向影响（$\beta_2 = 1.640$，$p<0.001$），当科技政策组合和合作研发投入同时对创新质量进行回归时，政府补贴—政府采购对创新质量也有显著的

正向影响（$\beta_3 = 0.093$，$p < 0.001$），但合作研发投入对创新质量的影响不再显著（$\beta_4 = 0.001$，$p > 0.05$），因此需要进行 Sobel 检验。检验统计量 $z = \beta_2\beta_4 / \sqrt{\beta_2^2 s_{\beta_4}^2 + \beta_4^2 s_{\beta_2}^2}$，其中，$\beta_2 = 1.640$，$\beta_4 = 0.001$，$s_{\beta_2} = 0.1568$，$s_{\beta_4} = 0.0005$，计算得 $z = 1.964$，$p < 0.05$，因此，合作研发投入在政府补贴—政府采购与创新质量的关系中中介效应显著。

其他科技政策组合、合作研发投入、创新质量。检验思路同上，结果中税收优惠、政府采购、税收优惠—政府采购、政府补贴—税收优惠—政府采购对创新质量均有显著的正向影响，科技政策组合对合作研发投入均显著正相关，当科技政策组合和合作研发投入同时对创新质量进行回归时，合作研发投入对创新质量具有显著的正向影响，科技政策组合对创新质量也均有显著的正向影响，并且 $\beta_3 < \beta_1$，说明合作研发投入在税收优惠、政府采购、税收优惠—政府采购、政府补贴—税收优惠—政府采购和创新质量中均起部分中介作用。

因此，合作研发投入在科技政策组合与创新质量的关系中起部分中介作用，支持假设 6-4。

第五节　稳健性检验

以专利申请数量作为创新数量的替代变量，以新产品销售收入与新产品开发投入比值的对数作为创新质量的替代变量进行稳健性检验，结果见表 6-16 至表 6-27，与基准结果基本一致，结果稳健，即研发投入在科技政策组合与创新绩效的关系中起部分中介作用。具体来说，自主研发投入在科技政策组合与创新数量的关系中起部分中介作用；合作研发投入在科技政策组合与创新数量的关系中起部分中介作用；自主研发投入在科技政策组合与创新质量的关系中起部分中介作用；合作研发投入在科技政策组合与创新质量的关系中起部分中介作用，即科技政策组合推动企业增加自主研发投入、合作研发投入，从而提高创新数量及创新质量。

1. 科技政策组合、自主研发投入与创新数量

表6-16　　　　科技政策组合、自主研发投入与创新数量-1

	indepen			inper					
sub	0.329*** (9.41)			0.568*** (23.87)	0.546*** (23.00)				
tax		0.347*** (12.68)				0.114*** (6.02)	0.089*** (4.68)		
pp			0.289*** (4.41)					0.304*** (6.75)	0.283*** (6.31)
indepen					0.066*** (12.25)		0.073*** (13.25)		0.075*** (13.57)
控制变量	控制	控制	控制	控制	控制	控制	控制	控制	控制
个体效应	控制	控制	控制	控制	控制	控制	控制	控制	控制
时间效应	控制	控制	控制	控制	控制	控制	控制	控制	控制
R^2	0.03	0.04	0.04	0.23	0.24	0.2	0.21	0.2	0.21
Prob > F	0	0	0	0	0	0	0	0	0
F	1400.87	1416.3	1386.09	647.72	597.94	561.88	524.58	563.4	527.18

注：***表示在1%的显著性水平下显著，括号内为t值。

表6-17　　　　科技政策组合、自主研发投入与创新数量-2

	indepen		inper			
sub - tax	0.383*** (9.24)		0.644*** (22.85)	0.618*** (21.99)		
sub - pp		0.641*** (5.96)			0.745*** (10.06)	0.698*** (9.47)
indepen				0.067*** (12.34)		0.073*** (13.36)

续表

	indepen		inper			
控制变量	控制	控制	控制	控制	控制	控制
个体效应	控制	控制	控制	控制	控制	控制
时间效应	控制	控制	控制	控制	控制	控制
R^2	0.03	0.04	0.23	0.24	0.20	0.21
Prob > F	0.00	0.00	0.00	0.00	0.00	0.00
F	1400.18	1389.51	640.04	591.37	572.35	534.40

注：***表示在1%的显著性水平下显著，括号内为t值。

表6-18　科技政策组合、自主研发投入与创新数量-3

	indepen		inper			
$tax-pp$	0.514*** (6.62)		0.325*** (6.08)	0.287*** (5.39)		
$sub-tax-pp$		0.849*** (7.01)			0.749*** (8.98)	0.687*** (8.27)
$indepen$				0.074*** (13.49)		0.073*** (13.33)
控制变量	控制	控制	控制	控制	控制	控制
个体效应	控制	控制	控制	控制	控制	控制
时间效应	控制	控制	控制	控制	控制	控制
R^2	0.04	0.04	0.20	0.21	0.20	0.21
Prob > F	0.00	0.00	0.00	0.00	0.00	0.00
F	1391.31	1392.43	562.01	525.63	569.02	531.30

注：***表示在1%的显著性水平下显著，括号内为t值。

2. 科技政策组合、合作研发投入与创新数量

表6-19　科技政策组合、合作研发投入与创新数量-1

	coopera		inper			
sub	0.666*** (10.95)		0.568*** (23.87)	0.551*** (23.14)		

续表

	coopera			inper					
tax	0.348*** (7.27)			0.114*** (6.02)	0.104*** (5.47)				
pp		0.822*** (7.23)				0.304*** (6.75)	0.280*** (6.21)		
coopera				0.025*** (7.93)	0.030*** (9.5)		0.030*** (9.46)		
控制变量	控制	控制	控制	控制	控制	控制	控制	控制	控制
个体效应	控制	控制	控制	控制	控制	控制	控制	控制	控制
时间效应	控制	控制	控制	控制	控制	控制	控制	控制	控制
R^2	0.05	0.05	0.05	0.23	0.24	0.2	0.21	0.2	0.21
Prob > F	0	0	0	0	0	0	0	0	0
F	108.05	99.26	99.19	647.72	585.03	561.88	512.35	563.4	513.6

注：*** 表示在1%的显著性水平下显著，括号内为t值。

表6-20　科技政策组合、合作研发投入与创新数量-2

	coopera		inper			
sub - tax	0.782*** (10.87)		0.644*** (22.85)	0.624*** (22.12)		
sub - pp		1.640*** (8.78)			0.745*** (10.06)	0.697*** (9.42)
coopera				0.025*** (8.02)		0.029*** (9.17)
控制变量	控制	控制	控制	控制	控制	控制
个体效应	控制	控制	控制	控制	控制	控制
时间效应	控制	控制	控制	控制	控制	控制
R^2	0.05	0.05	0.23	0.24	0.20	0.21
Prob > F	0.00	0.00	0.00	0.00	0.00	0.00
F	107.81	102.43	640.04	578.39	572.35	520.81

注：*** 表示在1%的显著性水平下显著，括号内为t值。

表6-21　　　　科技政策组合、合作研发投入与创新数量-3

	coopera		inper			
$tax-pp$	1.033*** (7.66)		0.325*** (6.08)	0.294*** (5.51)		
$sub-tax-pp$		2.024*** (9.62)			0.749*** (8.98)	0.690*** (8.27)
$coopera$				0.030*** (9.48)		0.029*** (9.18)
控制变量	控制	控制	控制	控制	控制	控制
个体效应	控制	控制	控制	控制	控制	控制
时间效应	控制	控制	控制	控制	控制	控制
R^2	0.05	0.05	0.20	0.21	0.20	0.21
Prob > F	0.00	0.00	0.00	0.00	0.00	0.00
F	100.02	104.45	562.01	512.41	569.02	517.88

注：***表示在1%的显著性水平下显著，括号内为t值。

3. 科技政策组合、自主研发投入与创新质量

表6-22　　　　科技政策组合、自主研发投入与创新质量-1

	indepen			eff					
sub	0.329*** (9.41)			0.568*** (23.87)	0.551*** (23.14)				
tax		0.347*** (12.68)				0.114*** (6.02)	0.104*** (5.47)		
pp			0.289*** (4.41)					0.304*** (6.75)	0.280*** (6.21)
$indepen$					0.025*** (7.93)		0.030*** (9.5)		0.030*** (9.46)
控制变量	控制	控制	控制	控制	控制	控制	控制	控制	控制
个体效应	控制	控制	控制	控制	控制	控制	控制	控制	控制
时间效应	控制	控制	控制	控制	控制	控制	控制	控制	控制
R^2	0.03	0.04	0.04	0.23	0.24	0.2	0.21	0.2	0.21

续表

	indepen			eff					
Prob > F	0	0	0	0	0	0	0	0	0
F	1400.87	1416.3	1386.09	647.72	585.03	561.88	512.35	563.4	513.6

注：***表示在1%的显著性水平下显著，括号内为t值。

表6-23　科技政策组合、自主研发投入与创新质量-2

	indepen		eff			
$sub-tax$	0.383*** (9.24)		0.136*** (9.24)	0.127*** (8.52)		
$sub-pp$		0.641*** (5.96)			0.344*** (9.67)	0.334*** (9.36)
$indepen$				0.008*** (3.15)		0.011*** (4.10)
控制变量	控制	控制	控制	控制	控制	控制
个体效应	控制	控制	控制	控制	控制	控制
时间效应	控制	控制	控制	控制	控制	控制
R^2	0.03	0.04	0.04	0.05	0.04	0.05
Prob > F	0.00	0.00	0.00	0.00	0.00	0.00
F	1400.18	1389.51	110.20	93.56	111.91	96.17

注：***表示在1%的显著性水平下显著，括号内为t值。

表6-24　科技政策组合、自主研发投入与创新质量-3

	indepen		eff			
$tax-pp$	0.514*** (6.62)		0.236*** (9.17)	0.228*** (8.82)		
$sub-tax-pp$		0.849*** (7.01)			0.306*** (7.64)	0.294*** (7.32)
$indepen$				0.011*** (4.03)		0.011*** (4.22)
控制变量	控制	控制	控制	控制	控制	控制
个体效应	控制	控制	控制	控制	控制	控制

续表

	indepen		eff			
时间效应	控制	控制	控制	控制	控制	控制
R^2	0.04	0.04	0.04	0.05	0.04	0.05
Prob > F	0.00	0.00	0.00	0.00	0.00	0.00
F	1391.31	1392.43	109.96	94.45	104.63	90.27

注：***表示在1%的显著性水平下显著，括号内为t值。

4. 科技政策组合、合作研发投入与创新质量

表6-25　　　科技政策组合、合作研发投入与创新质量-1

	coopera			eff					
sub	0.666*** (10.95)			0.088*** (7.03)	0.081*** (6.44)				
tax		0.348*** (7.27)				0.093*** (10.15)	0.089*** (9.68)		
pp			0.822*** (7.23)					0.285*** (13.17)	0.277*** (12.8)
coopera					0.008*** (5.25)		0.008*** (5.11)		0.008*** (5.09)
控制变量	控制	控制	控制	控制	控制	控制	控制	控制	控制
个体效应	控制	控制	控制	控制	控制	控制	控制	控制	控制
时间效应	控制	控制	控制	控制	控制	控制	控制	控制	控制
R^2	0.05	0.05	0.05	0.04	0.05	0.04	0.05	0.04	0.05
Prob > F	0	0	0	0	0	0	0	0	0
F	108.05	99.26	99.19	102.76	90.39	113.87	99.43	128.45	111.56

注：***表示在1%的显著性水平下显著，括号内为t值。

表6-26　　　科技政策组合、合作研发投入与创新质量-2

	coopera		eff			
sub - tax	0.782*** (10.87)		0.136*** (9.24)	0.128*** (8.65)		

续表

	coopera		eff			
$sub-pp$		1.640*** (8.78)			0.344*** (9.67)	0.330*** (9.24)
$coopera$				0.008*** (5.00)		0.008*** (5.22)
控制变量	控制	控制	控制	控制	控制	控制
个体效应	控制	控制	控制	控制	控制	控制
时间效应	控制	控制	控制	控制	控制	控制
R^2	0.05	0.05	0.04	0.05	0.04	0.05
Prob > F	0.00	0.00	0.00	0.00	0.00	0.00
F	107.81	102.43	110.20	96.17	111.91	97.99

注：*** 表示在 1% 的显著性水平下显著，括号内为 t 值。

表 6-27　科技政策组合、合作研发投入与创新质量-3

	coopera		eff			
$tax-pp$	1.033*** (7.66)		0.236*** (9.17)	0.226*** (8.77)		
$sub-tax-pp$		2.024*** (9.62)			0.306*** (7.64)	0.288*** (7.18)
$coopera$			0.008*** (5.32)		0.009*** (5.34)	
控制变量	控制	控制	控制	控制	控制	控制
个体效应	控制	控制	控制	控制	控制	控制
时间效应	控制	控制	控制	控制	控制	控制
R^2	0.05	0.05	0.04	0.05	0.04	0.05
Prob > F	0.00	0.00	0.00	0.00	0.00	0.00
F	100.02	104.45	109.96	96.54	104.63	92.13

注：*** 表示在 1% 的显著性水平下显著，括号内为 t 值。

第六节 研究结论

在第四章、第五章的基础上，本章主要研究科技政策组合、研发投入、创新绩效三者之间的关系，从创新数量、创新质量双维视角出发，分析自主研发投入与合作研发投入在政府补贴、税收优惠、政府采购、政府补贴—税收优惠、政府补贴—政府采购、税收优惠—政府采购、政府补贴—税收优惠—政府采购七项政策组合与创新绩效中的中介作用。基于面板固定效应回归分析，得到结论如下。

第一，自主研发投入在科技政策组合与创新数量的关系中起部分中介作用。即科技政策组合推动企业增加自主研发投入，自主研发投入使企业创新得到更多的资金保障，从而提高企业的创新数量。

第二，合作研发投入在科技政策组合与创新数量的关系中起部分中介作用。科技政策组合能有效激励企业增加合作研发投入，通过与产业链、产学研等相关主体的合作实现研发，进而提高创新数量。

第三，自主研发投入在科技政策组合与创新质量的关系中起部分中介作用。科技政策组合激励企业增加自主研发投入，而自主研发投入的增加助力企业实现技术升级、突破，进而提高创新质量。

第四，合作研发投入在科技政策组合与创新质量的关系中起部分中介作用。科技政策组合助推企业增加合作研发投入，合作研发规模的扩大推动企业对各项资源进行整合、优化，提升技术转化效率，提高创新质量。

第七章 结论及建议

第一节 研究结论

本书从创新数量、创新质量双维视角出发,运用理论分析与实证研究的方法,研究了政府补贴、税收优惠、政府采购、政府补贴—税收优惠、政府补贴—政府采购、税收优惠—政府采购、政府补贴—税收优惠—政府采购七项科技政策组合对创新绩效的影响,并进一步探索了不同模式研发投入在其中的中介作用。首先,在现有文献梳理与理论分析的基础上,归纳、整理了现有研究的不足,提出本书研究的框架;然后基于倾向得分匹配法分析了科技政策组合对创新数量、创新质量的影响,以及不同企业规模、市场竞争、经济波动环境下科技政策组合效应的差异;以组织边界和知识来源为标准,将研发模式分为自主研发与合作研发,分析了科技政策组合对自主研发投入与合作研发投入的影响,以及不同企业规模、市场竞争、经济波动情境下科技政策组合效应的差异;进一步分析了自主研发投入、合作研发投入在科技政策组合与创新数量、创新质量关系中的中介作用,其主要结论如下。

(一) 科技政策组合对创新绩效的影响

1. 科技政策组合与创新绩效

政府补贴、税收优惠、政府采购、政府补贴—税收优惠、政府补贴—政府采购、税收优惠—政府采购、政府补贴—税收优惠—政府采购七项科技政策组合与创新数量、创新质量均有显著的正相关关系，即科技政策组合对企业创新数量的增加、创新质量的提升均具有激励作用。

2. 不同企业规模的影响

七项科技政策组合形式中，政府补贴—税收优惠—政府采购对小规模企业创新数量的实证结果不显著，其他政策组合形式结果显著；只有税收优惠、政府采购的单一形式对小规模企业创新质量的结果显著为正，其他形式科技政策组合结果均不显著。因此，科技政策组合对小规模企业的影响更多的是创新数量的提高，对创新质量的提升影响有限，并且，单一形式的政策支持更能激励小规模企业创新发展。科技政策组合对大规模企业创新数量、创新质量均具有显著的激励作用。费舍尔组合检验进一步证明，科技政策组合对大规模企业创新数量、创新质量的激励作用更强。

3. 不同市场竞争的影响

低市场竞争情境下，科技政策组合对创新数量和创新质量均有显著的影响；高市场竞争情境下，科技政策组合能促进企业创新数量的提高，但对创新质量的提升只有税收优惠、政府采购的单一形式能够发挥作用，政策组合形式作用不明显。费舍尔组合检验进一步证明，低市场竞争环境下，科技政策组合对创新绩效的积极作用更强。

4. 经济波动的影响

无论是经济上行期还是经济下行期，科技政策组合对创新数量和创新质量均具有积极作用，并且政府补贴、税收优惠及其组合在经济下行期对创新绩效的影响更强，政府采购及其与政府补贴、税收优惠的政策组合在经济上行期对创新绩效的影响更强。

（二）科技政策组合对研发投入的影响

1. 科技政策组合与研发投入

七项科技政策组合对自主研发投入、合作研发投入均具有显著的正相关关系，即科技政策组合激励企业提高自主研发投入、合作研发投入。

2. 不同企业规模的影响

科技政策组合对大规模企业自主研发投入、合作研发投入均具有积极影响。对小规模企业，只有政府补贴、税收优惠、政府补贴—税收优惠、政府补贴—税收优惠—政府采购与小规模企业自主研发投入显著正相关，其他形式科技政策组合均不显著，说明只有政府补贴、税收优惠、政府补贴—税收优惠、政府补贴—税收优惠—政府采购政策组合对小规模企业自主研发投入的提升具有激励作用，进一步说明政府采购及其与其他形式政策组合对小规模企业自主研发投入的影响有限；政府补贴、税收优惠、政府补贴—税收优惠、政府补贴—税收优惠—政府采购与小规模企业合作研发投入的实证结果显著为正，而政府采购、政府补贴—政府采购、税收优惠—政府采购对合作研发投入的结果不显著，说明政府补贴、税收优惠及其组合形式有利于小规模企业合作研发投入的提高，而政府采购及其与政府补贴、税收优惠两项政策组合形式对小规模企业合作研发投入无影响，即政府采购政策对小规模企业合作研发投入只有与政府补贴、税收优惠三项政策组合才能发挥激励作用。因此，政府补贴、税收优惠政策对小规模企业自主研发投入、合作研发投入具有激励作用，政府采购作用不明显。费舍尔组合检验进一步证明科技政策组合对大规模企业自主研发投入、合作研发投入的正向影响更强。

3. 不同市场竞争的影响

低市场竞争情境下，七种科技政策组合形式对企业自主研发投入、合作研发投入均具有激励作用。高市场竞争环境下，税收优惠、政府补贴—税收优惠、税收优惠—政府采购、政府补贴—税收优惠—政府采购对自主研发投入具有激励作用，其他政策组合形式结果不显著，即高市场竞争环境下，税收优惠及其与其他政策组合能有效激励企业提高自主研发投入。政府补贴、税收优惠、政府采购、政府补贴—税收优惠、政府补贴—税收优惠—政府采购对企业合作研发投入具有激励作用，其他政策组合形式结果不显著，并且低市场竞争情境下，科技政策组合对合作研发投入的影响更强。

4. 经济波动的影响

无论宏观经济波动如何，科技政策组合对企业自主研发投入、合作研发投入的增加均具有激励作用。此外，不同经济波动中，科技政策组合对经济下行期企业自主研发投入的激励作用更强，但对合作研发投入的激励作用差异并不明显。

（三）科技政策组合、研发投入与创新绩效

研发投入在科技政策组合与创新绩效的关系中起部分中介作用，具体来说：自主研发投入在科技政策组合与创新数量的关系中起部分中介作用；合作研发投入在科技政策组合与创新数量的关系中起部分中介作用；自主研发投入在科技政策组合与创新质量的关系中起部分中介作用；合作研发投入在科技政策组合与创新质量的关系中起部分中介作用。即科技政策组合推动企业增加自主研发投入、合作研发投入，从而提高创新数量及创新质量。

第二节　政策建议

基于上述结论，针对企业技术创新的各个阶段，需要制定有针对性的、多层次的支持政策。

（一）充分发挥科技政策的激励作用，加大科技政策组合支持力度

进一步完善政府补贴机制，加大政府补贴力度，克服政府补贴的非市场问题。主要包括：加大政府补贴的支持力度，扩大政府补贴对企业技术创新的支持力度。完善政府补贴的信息披露制度，及时、完整地将政府补贴的确定依据、方法和结果向社会公众开放，尤其是向市场的相关竞争者开放,并赋予其提出异议的权利。完善政府补贴的前期审核、中期检查与后期监督机制,保障政府补贴。充分利用政府补贴对企业技术创新的激励作用,向重点行业和重点技术领域倾斜,进一步提高我国的核心竞争能力。

发挥税收优惠政策的普遍激励作用,兼顾特别优惠作用。税收政策具有公平性,具有普遍激励的作用。对参与技术创新的企业提供更加优惠的税收政策,比如根据研发投资回收期较长的特点,适当延长向后结转期限;建立准备金制度,对用于研发活动的准备金免税,未使用的准备金在一定年限后转回纳税等。加强对基础研究和产学研合作的税收优惠力度,对于产学研合作研发、科技人员成果转化、高层次人才的流动和互聘等要给予一定的特殊税收优惠。

充分重视政府采购中的创新公共采购,将其加以区分并建立独立、完整的实施体系,培育新技术新产品应用的市场环境。进一步提高省、市、区县等各级政府对新技术、新产品等的采购力度,制定政府部门、国有企业等在采购过程中向新产品及服务倾斜的政策,鼓励政府部门、国有企业对新技术、新产品的首购、订购、推广应用等方式,加快新技术、新产品等在全社会的推广、应用进程。从广大消费者的需求面着手,制定具体的政策刺激消费者需求,以需求拉动创新供给。

发挥科技政策的组合效应。整合现有的科技支持政策,探索多种支持模式和方法以提高政策的协同效应和整合效应。合理运用政策组合方式,实施有差异化的支持政策,避免政府资源配置的低效率,保证有限的资金花在"刀刃"上。实证结果表明,政策组合与单一政策相比存在复杂的影响,政策组合并不总是优于单一政策,而是根据企业不同创新行为存在差异化影响,甚至会弱于单一资助政策。因此政府在进行资源配置时并不能本着越多越好的原则,采取"一刀切"的配置方式,政府应该更加精准有效地实施定向调控。加强制度约束,可尝试将支持创新的科技政策纳入同一个管理体系中，建立统一的政府补贴、税收优惠和政府采购的动态监督评价体系，改变过去过于侧重考核企业的研发经费和研发人员投入，造成创新资源浪费的情况，要侧重于创新效率指标的评估、审计和跟踪。

同时，辅以知识产权保护、技术标准制定等环境建设政策，突破技术创新的体制机制性障碍，推动创新要素协同相融，实现科技政策在技术创新中实施效果的有机平衡，使科技政策的协同作用最大化。

（二）规划科技政策组合，实现科技政策组合对技术创新的精准扶持，打好科技政策的"组合拳"

技术创新支持政策的结构设计，需要根据技术创新的阶段性特征、科技政策组合的作用等进行优化，从供给侧、需求侧全方位制定多样化的支持政策。

针对不同规模的企业，科技政策组合支持应有所侧重。具体来说，对于大规模企业，科技政策组合对创新绩效均具有激励作用，因此，针对大规模企业，拓宽企业可获得科技政策的范围与种类，加大科技政策对大规模企业的支持力度。在小规模企业的结果中，政府补贴、税收优惠与政府采购三项政策组合对企业创新数量无显著影响，而创新质量的结果中，只有税收优惠、政府采购的单一形式能起到激励作用，即对小规模企业更重要的是因地制宜，依据小规模企业的特点给予政策支持，特别是加大税收优惠、政府采购对小规模企业的支持力度，避免政策组合形式过多对小规模企业创新造成的不利影响。

科学规划不同市场竞争强度下的科技政策组合，实现激励效果最大化。对低市场竞争强度下的企业加强各项科技政策组合支持的力度，促使企业提高创新数量和创新质量。高市场竞争环境下，重点加强税收优惠、政府采购政策的支持力度，尽可能运用单一形式政策支持企业创新，实现科技政策组合激励作用的最大化。

此外，无论宏观经济波动如何，政府均应给予企业科技政策组合支持，推动企业技术创新的发展。扩大政府补贴、税收优惠及其组合在经济下行期的作用，以及政府采购及其与政府补贴、税收优惠的政策组合在经济上行期的作用，扩大科技政策组合的激励效应。

（三）规划科技支持政策，推动企业投入自主研发与合作研发

加强科技政策对企业自主研发的支持力度，逐步实现关键技术的自给自足。可持续性竞争优势的重要获取途径是自主研发，而自主研发需要科技政策的推动。政府需以政府补贴、税收优惠、政府采购等政策全面激励企业投入自主研发。

强化科技政策对产业链、产学研等链条上的研发合作的支持力度，推动技术融合、跨界发展。在原有以企业为载体的单项技术研发支持的基础上，以市场为导向，以产权为纽带，构建关键技术、前沿技术、核心技术的研发合作平台，制定产学研共同研发、共同分享的机制，加快不同行业、不同领域和创新链各环节的技术融合、扩散，形成新的技术创新联合体，以联合体作为政策支持的新载体，实现技术融合、跨界发展。

不同企业规模的科技政策组合对研发投入的效果不同。对大规模企业而言，强化政府补贴、税收优惠、政府采购及组合科技政策的支持力度，实现企业研发投入的增加。对小规模企业而言，政府补贴、税收优惠、政府补贴与税收优惠政策组合对小规模企业自主研发投入的提升具有激励作用，政府采购及其与政府补贴、税收优惠两项政策的组合形式对小规模企业合作研发投入无影响，因此，对自主研发为主的企业以政府补贴、税收优惠及其组合形式给予支持，对合作研发为主的企业以政府采购或与其他政策组合的形式给予支持，从而实现科技政策组合激励效应的最大化。

针对不同的市场竞争环境制定相应的科技政策组合。加强科技政策组合在低市场竞争环境中对企业研发投入的支持力度，提高科

技政策组合的支持强度，扩大对企业的支持范围。高市场竞争环境下，税收优惠及其与其他政策组合能有效激励企业提高自主研发投入；政府补贴、税收优惠、政府采购、政府补贴—税收优惠、政府补贴—税收优惠—政府采购对企业合作研发投入具有激励作用。因此，高市场竞争环境下，对以自主研发为主的企业重点以税收优惠或与其他政策组合形式支持企业发展；对以合作研发为主的企业，适当扩大政府补贴、税收优惠、政府采购、政府补贴—税收优惠、政府补贴—税收优惠—政府采购的支持力度，以实现企业研发投入的增加，进而提高创新绩效。

此外，经济上行期与经济下行期，科技政策组合对研发投入均具有显著的正相关关系，因此，无论宏观经济波动如何，政府均应给予企业科技政策组合支持。同时，科技政策组合对经济下行期自主研发投入的激励作用更强，即扩大科技政策组合在经济下行期对自主研发投入的支持力度，激励企业增加研发投入，提高创新绩效。

第三节　研究局限与展望

本书研究取得了一定的成果，但也存在一定的不足，具体如下。

第一，本书研究基于微观企业视角，由于数据可获得性等因素，本书科技政策主要指的是政府补贴、税收优惠、政府采购政策，并未考虑其他形式科技政策支持，比如知识产权保护、法规、人才支持政策等，而科技政策是一套复杂多样的体系，包含了供给侧、需求侧、环境侧全面的支持政策，未来研究可以考虑其他形式的科技政策，研究其他形式科技政策及组合对创新绩效的影响，以及科技政策体系在技术创新发展过程中的作用等相关问题。

第二，时间和样本的限制性。本书样本为2013—2018年的企业数据，因而无法获得一个中长时间段内科技政策组合对企业技术创新的动态影响，特别是技术创新是一项周期长的动态性复杂过程，部分技术的研发可能需要 5 年甚至更长的时间，那么科技政策组合对这类更长周期的创新活动具有什么样的影响则需要进一步深入研究。另外，本书研究基于北京市中关村园区的企业，尽管实证研究中控制了样本选择、企业规模、创新能力等样本特性，但本书研究结论对其他地区企业是否具有通用性仍需要进一步研究，在未来的研究中可以收集不同的样本数据进行检验或者对比分析。

第三，在科技政策组合对创新绩效的影响中，本书研究从技术创新的过程出发，认为不同模式的研发投入在其中起传导作用，而科技政策组合影响创新绩效的其他路径有待进一步探索。比如，科技政策组合激励企业创新投入，而创新过程中很可能实现相关技术的边缘拓展，即创新范围的延伸，实现创新技术外溢，进而提高创新绩效；再者，科技政策组合激励企业在技术创新过程中调整发展战略、优化环境等方面均可能实现创新绩效的提高，未来研究可从这些方面进行探索。

参考文献

一 中文文献

安同良、周绍东、皮建才:《R&D 补贴对中国企业自主创新的激励效应》,《经济研究》2009 年第 10 期。

白俊红、李婧:《政府 R&D 资助与企业技术创新——基于效率视角的实证分析》,《金融研究》2011 年第 6 期。

白俊红:《中国的政府 R&D 资助有效吗?来自大中型工业企业的经验证据》,《经济学》(季刊) 2011 年第 4 期。

陈东、法成迪:《政府补贴与税收优惠并行对企业创新的激励效果研究》,《华东经济管理》2019 年第 8 期。

陈冬、孔墨奇、王红建:《投我以桃,报之以李:经济周期与国企避税》,《管理世界》2016 年第 5 期。

陈红、张玉、刘东霞:《政府补助、税收优惠与企业创新绩效——不同生命周期阶段的实证研究》,《南开管理评论》2019 年第 3 期。

陈爽英等:《民营企业家社会关系资本对研发投资决策影响的实证研究》,《管理世界》2010 年第 1 期。

陈远燕:《财政补贴、税收优惠与企业研发投入——基于非上市公司 20 万户企业的实证分析》,《税务研究》2016 年第 10 期。

陈子韬、孟凡蓉、王焕:《政府支持对高技术产业创新效率影响研究》,《科学学研究》2020 年第 10 期。

程瑶、闫慧慧:《税收优惠对企业研发投入的政策效应研究》,《数量经济技术经济研究》2018 年第 2 期。

崔雪松、王玲:《企业技术获取的方式及选择依据》,《科学学与科学技术管理》2005 年第 5 期。

崔也光、姜晓文、王守盛:《财税政策对企业自主创新的支持效应研究——基于经济区域的视角》,《经济与管理研究》2017 年第 10 期。

邓翔、李双强、李德山:《政府采购、融资约束与企业创新》,《科技进步与对策》2018 年第 12 期。

董鹏刚、史耀波:《市场需求要素驱动的创新溢出效应研究》,《科技进步与对策》2019 年第 9 期。

豆士婷、刘佳、庞守林:《科技政策组合的技术创新协同效应研究——供给侧—需求侧视角》,《科技进步与对策》2019 年第 22 期。

杜千卉、张玉臣:《政府支持对工业企业技术获取策略的差异性影响——基于不同类型创新激励政策的比较研究》,《中国科技论坛》2020 年第 5 期。

杜伟、魏勇:《技术创新的不确定性与政府激励政策安排》,《科学学与科学技术管理》2001 年第 7 期。

樊琦、韩民春:《政府 R&D 补贴对国家及区域自主创新产出影响绩效研究——基于中国 28 个省域面板数据的实证分析》,《管理工程学报》2011 年第 3 期。

傅家骥:《技术创新学》,清华大学出版社 1998 年版。

韩仁月、马海涛:《税收优惠方式与企业研发投入——基于双重差分模型的实证检验》,《中央财经大学学报》2019 年第 3 期。

胡华夏等:《税收优惠与研发投入——产权性质调节与成本粘性的中介作用》,《科研管理》2017 年第 6 期。

胡凯、吴清:《R&D 税收激励、知识产权保护与企业的专利产出》,《财经研究》2018年第4期。

黄惠丹、吴松彬:《R&D税收激励效应评估:挤出还是挤入?》,《中央财经大学学报》2019年第4期。

简泽、谭利萍、吕大国等:《市场竞争的创造性、破坏性与技术升级》,《中国工业经济》2017年第5期。

金吾伦、郭元林:《复杂性管理与复杂性科学》,《复杂系统与复杂性科学》2004年第2期。

黎文靖、郑曼妮:《实质性创新还是策略性创新?——宏观产业政策对微观企业创新的影响》,《经济研究》2016年第4期。

李玲:《技术创新网络中企业间依赖、企业开放度对合作绩效的影响》,《南开管理评论》2011年第4期。

李培楠、赵兰香、万劲波:《创新要素对产业创新绩效的影响——基于中国制造业和高技术产业数据的实证分析》,《科学学研究》2014年第4期。

刘凤朝、赵雪键、马荣康:《政府采购促进了企业R&D投入吗?——基于中小企业上市公司的实证分析》,《科学学与科学技术管理》2017年第7期。

刘和旺、郑世林、王宇锋:《所有制类型、技术创新与企业绩效》,《中国软科学》2015年第3期。

刘小元、林嵩:《地方政府行为对创业企业技术创新的影响——基于技术创新资源配置与创新产出的双重视角》,《研究与发展管理》2013年第5期。

卢方元、李彦龙:《政府支持有助于提升高技术产业R&D效率吗?》,《科学学研究》2016年第12期。

鲁桐、党印:《公司治理与技术创新:分行业比较》,《经济研究》2014年第6期。

陆国庆、王舟、张春宇:《中国战略性新兴产业政府研发补贴的绩效研究》,《经济研究》2014年第7期。

马文聪、李小转、廖建聪等：《不同政府科技资助方式对企业研发投入的影响》，《科学学研究》2017年第5期。

梅冰菁、罗剑朝：《财政补贴、研发投入与企业创新绩效——制度差异下有调节的中介效应模型检验》，《经济经纬》2020年第1期。

梅建明、王琴：《我国科技创新基金绩效评价研究——以中部D市W区为例》，《中南财经政法大学学报》2012年第3期。

任锦鸾、顾培亮：《基于复杂理论的创新系统研究》，《科学学研究》2002年第4期。

任锦鸾、陆剑南：《复合三链螺旋创新系统模型研究》，《科学学研究》2003年第5期。

任曙明、吕镯：《融资约束、政府补贴与全要素生产率——来自中国装备制造企业的实证研究》，《管理世界》2014年第11期。

任曙明、张静：《补贴、寻租成本与加成率——基于中国装备制造企业的实证研究》，《管理世界》2013年第10期。

石绍宾、周根根、秦丽华：《税收优惠对我国企业研发投入和产出的激励效应》，《税务研究》2017年第3期。

史世鹏：《高技术产品创新与流通》，经济管理出版社1999年版。

宋河发、穆荣平、任中保：《自主创新及创新自主性测度研究》，《中国软科学》2006年第6期。

苏婧、李思瑞、杨震宁：《"歧路亡羊"：政府采购、股票投资者关注与高技术企业创新——基于A股软件企业的实证研究》，《科学学与科学技术管理》2017年第5期。

孙博等：《企业融资约束与创新绩效：人力资本社会网络的视角》，《中国管理科学》2019年第4期。

孙玉涛、苏敬勤：《G7国家创新体系国际化模式演化及对中国启示》，《科学学研究》2012年第4期。

孙早、宋炜：《企业R&D投入对产业创新绩效的影响——来自中国制造业的经验证据》，《数量经济技术经济研究》2012年第4期。

谭俊涛、张平宇、李静：《中国区域创新绩效时空演变特征及其影响因素研究》，《地理科学》2016年第1期。

汤伟钢、陈慧莉：《技术范式创新周期与经济周期的循环因替关系》，《天津大学学报》（社会科学版）2012年第2期。

唐清泉、卢博科：《创新效率、行业间差异及其影响因素》，《中山大学学报》（社会科学版）2009年第6期。

王铁山、冯宗宪：《政府采购对产品自主创新的激励机制研究》，《科学学与科学技术管理》2008年第8期。

王旭、褚旭：《基于企业规模门槛效应的外部融资对绿色创新影响研究》，《系统工程理论与实践》2019年第8期。

王一卉：《政府补贴，研发投入与企业创新绩效——基于所有制、企业经验与地区差异的研究》，《经济问题探索》2013年第7期。

王钊、王良虎：《税收优惠政策对高技术产业创新效率的影响——基于断点回归分析》，《科技进步与对策》2019年第11期。

卫旭华、刘咏梅、岳柳青：《高管团队权力不平等对企业创新强度的影响——有调节的中介效应》，《南开管理评论》2015年第3期。

温忠麟等：《中介效应检验程序及其应用》，《心理学报》2004年第5期。

吴陈锐：《企业间合作研发与技术创新绩效——基于世界银行2012年中国企业调查数据的实证分析》，《中南财经政法大学学报》2018年第2期。

吴延兵：《中国工业R&D产出弹性测算（1993—2002）》，《经济学》（季刊）2008年第3期。

夏清华、何丹：《政府研发补贴促进企业创新了吗——信号理论视角的解释》，《科技进步与对策》2020年第1期。

夏清华、黄剑：《市场竞争、政府资源配置方式与企业创新投入——中国高新技术企业的证据》，《经济管理》2019年第8期。

向刚等：《创新型企业持续创新绩效评价研究》，《科技进步与对策》2011年第8期。

肖文、林高榜：《政府支持、研发管理与技术创新效率——基于中国工业行业的实证分析》，《管理世界》2014年第4期。

肖兴志、王伊攀：《战略性新兴产业政府补贴是否用在了"刀刃"上？——基于254家上市公司的数据》，《经济管理》2014年第4期。

谢子远、王佳：《开放式创新对企业研发效率的影响——基于高技术产业面板数据的实证研究》，《科研管理》2020年第9期。

杨国超、刘静、廉鹏等：《减税激励、研发操纵与研究绩效》，《经济研究》2017年第8期。

杨洋、魏江、罗来军：《谁在利用政府补贴进行创新？——所有制和要素市场扭曲的联合调节效应》，《管理世界》2015年第1期。

叶祥松、刘敬：《政府支持、技术市场发展与科技创新效率》，《经济学动态》2018年第7期。

余伟、陈强、陈华：《不同环境政策工具对技术创新的影响分析——基于2004—2011年我国省级面板数据的实证研究》，《管理评论》2016年第1期。

袁建国、范文林、程晨：《税收优惠与企业技术创新——基于中国上市公司的实证研究》，《税务研究》2016年第10期。

袁建国、后青松、程晨：《企业政治资源的诅咒效应——基于政治关联与企业技术创新的考察》，《管理世界》2015年第1期。

袁小宇：《研发投入与企业技术创新绩效关系研究》，硕士学位论文，北京邮电大学，2019年。

［美］约翰·霍兰：《隐秩序——适应性造就复杂性》，周晓牧译，上海科技教育出版社2000年版。

翟淑萍、毕晓方：《环境不确定性、管理层自信与企业双元创新投资》，《中南财经政法大学学报》2016年第5期。

张帆、孙薇：《政府创新补贴效率的微观机理：激励效应和挤出效应的叠加效应——理论解释与检验》,《财政研究》2018 年第 4 期。

张秀峰、陈光华、海本禄:《融资约束、政府补贴与产学研合作创新绩效》,《科学学研究》2019 年第 8 期。

张永安等:《区域科技创新政策对企业创新绩效的影响效率研究》,《科学学与科学技术管理》2016 年第 8 期。

张永安、关永娟:《创新政策工具组合、创新能力与创新绩效研究》,《科技进步与对策》2020 年第 21 期。

章元、程郁、佘国满:《政府补贴能否促进高新技术企业的自主创新?——来自中关村的证据》,《金融研究》2018 年第 10 期。

赵康生、谢识予:《政府研发补贴对企业研发投入的影响——基于中国上市公司的实证研究》,《世界经济文汇》2017 年第 2 期。

朱平芳、徐伟民:《政府的科技激励政策对大中型工业企业 R&D 投入及其专利产出的影响——上海市的实证研究》,《经济研究》2003 年第 6 期。

二 英文文献

Alecke, B., Mitze, T., Reinkowski, J. and Untiedt, G., "Does Firm Size Make a Difference? Analysing the Effectiveness of R&D Subsidies in East Germany", *German Economic Review*, 2012, 13 (2): 174 – 195.

Antonelli, C., Crespi, F. and Scellato, G., "Inside Innovation Persistence: New Evidence from Italian Micro-data", *Structural Change & Economic Dynamics*, 2012, 23 (4): 341 – 353.

Arvanitis, S., "How do Different Motives for R&D Cooperation Affect Firm Performance? An Analysis Based on Swiss Micro Data", *Journal of Evolutionary Economics*, 2012, 22 (5): 981 – 1007.

Aschhoff, B. and Sofka, W., "Innovation on Demand—Can Public

Procurement Drive Market Success of Innovations?", *Research Policy*, 2009, 38 (8): 1235 –1247.

Ashuri, T. and Bar-Ilan, Y., "Collective Action Recruitment in a Digital Age: Applying Signaling Theory to Filtering Behaviors", *Communication Theory*, 2017, 27 (1): 70 –91.

Atanassov, J., Liu, X., "Can Corporate Income Tax Cuts Stimulate Innovation?", *Journal of Financial & Quantitative Analysis*, 2020, 55 (5): 1415 –1465.

Bakirtaş, D. and Aysu, A., "Public Procurement in the Framework of Demand Side Innovation Policy: Theory and Examples of Practice", *Amme Idaresi Dergisi*, 2017, 50 (2): 143 –189.

Barney, J. B., "Firm Resources and Sustained Competitive Advantage", *Journal of Management*, 1991, 17 (1): 99 –120.

Barney, J. B., "Organizational Culture: Can It be a Source of Sustained Competitive Advantage?", *Academy of Management Review*, 1986a, 11 (3): 656 –665.

Barney, J. B., "Types of Competition and the Theory of Strategy: Toward an Integrative Framework", *Academy of Management Review*, 1986b, 11 (4): 791 –800.

Barth, M. E., Konchitchki, Y. and Landsmanw, R., "Cost of Capital and Earnings Transparency", *Journal of Accounting & Economics*, 2013, 55 (2 –3): 206 –224.

Beason, R., Weinstein, D. E., "Growth, Economies of Scale, and Targeting in Japan (1955 –1990)", *Review of Economics and Statistics*, 1996, 78 (2): 286 –295.

Bergström, F., "Capital Subsidies and the Performance of Firms", *Small Business Economics*, 2000, 14 (3): 183 –193.

Bernini, M. and Montagnoli, A., "Competition and Financial Constraints: a Two-sided Story", *Journal of International Money & Finance*, 2017, 70: 88 – 109.

Bianchi, M., Murtinu, S. and Scalera, V. G., "R&D Subsidies as Dual Signals in Technological Collaborations", *Research Policy*, 2019, 48: 103821.

Bleda, M. and Chicot, J., "The Role of Public Procurement in the Formation of Markets for Innovation", *Journal of Business Research*, 2019, 107: 186 – 196.

Bloom, N., Griffith, R. and Van Reenen, J., "Do R&D Tax Credits Work? Evidence from a Panel of Countries 1979 – 1997", *Journal of Public Economics*, 2002, 85 (1): 1 – 31.

Boeing, P., "The Allocation and Effectiveness of China's R&D Subsidies-Evidence from Listed Firms", *Research Policy*, 2016, 45 (9): 1774 – 1789.

Boon, W. and Edler, J., "Demand, Challenges, and Innovation. Making Sense of New Trends in Innovation Policy", *Science and Public Policy*, 2018, 45 (4): 435 – 447.

Brandt, L., Li, H., "Bank Discrimination in Transition Economies: Ideology, Information, or Incentives?", *Journal of Comparative Economics*, 2003, 31 (3): 387 – 413.

Branzei, O., Ursacki-Bryant, T. J., Vertinsky, I. and Zhang, W., "The Formation of Green Strategies in Chinese Firms: Matching Corporate Environmental Responses an Dividual Principles", *Strategic Management Journal*, 2004, 25: 1075 – 1095.

Brown, J. R., Martinsson, G. and Petersen, B. C., "What Promotes R&D? Comparative Evidence from around the World", *Research Policy*, 2017, 46 (2): 447 – 462.

Bruton, G. D., Chahine, S. and Filatotchev, I., "Founders, Private Equity Investors, and under Pricing in Entrepreneurial IPOs", *Entrepreneurship Theory and Practice*, 2009, 33: 909 – 928.

Cappelen, A., Raknerud, A. and Rybalka, M., "The Effects of R&D Tax Credits on Patenting and Innovations", *Research Policy*, 2012, 41 (2): 334 – 345.

Carreira, A. and Walsh, T., "Embeddedness, Social Epistemology and Breakthrough Innovation: The Case of the Development of Statins", *Research Policy*, 2010, 39 (4): 511 – 522.

Carter, S. M., "The Interaction of Top Management Group, Stakeholder, and Situational Factors on Certain Corporate Reputation Management Activities", *Journal of Management Studies*, 2006, 43: 1146 – 1176.

Cassiman, B. and Veugelers, R., "In Search of Complementarity in Innovation Strategy: Internal R&D and External Knowledge Acquisition", *Management Science*, 2006, 52 (1): 68 – 82.

Certo, S. T., "Influencing Initial Public Offering Investors with Prestige: Signaling with Board Structures", *Academy of Management Review*, 2003, 28 (3): 432 – 446.

Cerulli, G., Potì, B., "The Differential Impact of Privately and Publicly Funded R&D on R&D Investment and Innovation: The Italian Case", *Prometheus*, 2012, 30 (1): 113 – 149.

Chen, J., Heng, C. S., Tan, B. C. Y. and Lin, Z., "The Distinct Signaling Effects of R&D Subsidy and Non-R&D Subsidy on IPO Performance of IT Entrepreneurial Firms in China", *Research Policy*, 2018, 47 (1): 108 – 120.

Chen, M. C. and Gupta, S., "The Incentive Effects of R&D Tax Credits: An Empirical Examination in an Emerging Economy", *Journal of Contemporary Accounting & Economics*, 2010, 13 (3): 248 – 272.

Clausen, T., Pohjola, M., Sapprasert, K. and Verspagen, B., "Innovation Strategies as a Source of Persistent Innovation", *Industrial and Corporate Change*, 2011, 21 (3): 553–585.

Colombo, M. G., Croce, A. and Guerini, M., "The Effect of Public Subsidies on Firms' Investment-Cash Flow Sensitivity: Transient or Persistent?", *Research Policy*, 2013, 42 (9): 1605–1623.

Connelly, B. L., Certo, S. T., Ireland, R. D. and Reutzel, C. R., "Signaling Theory: A Review and Assessment", *Journal of Management*, 2011, 37 (1): 39–67.

Connelly, B. L., Hoskisson, R. E., Tihanyi, L. and Certo, S. T., "Ownership as a Form of Corporate Governance", *Journal of Management Studies*, 2010, 47 (8): 1561–1589.

Cowling and Marc, "You can Lead a Firm to R&D But Can You Make It Innovate? UK Evidence from SMEs", *Small Business Economics*, 2016, (4): 565–577.

Cozzi, G., Impullitti, G., "Government Spending Composition, Technical Change, and Wage Inequality", *Journal of the European Economic Association*, 2010, 8 (6): 1325–1358.

Cunningham, P., Edler, J., Flanagan, K. and Larédo, P., "Innovation Policy Mix and Instrument Interaction: A Review", *Genes & Development*, 2013, 7 (7B): 1390–1399.

Czarnitzki, D., Ebersberger, B. and Fier, A., "The Relationship between R&D Collaboration, Subsidies and R&D Performance: Empirical Evidence from Finland and Germany", *Journal of Applied Econometrics*, 2007, 22 (7): 1347–1366.

Czarnitzki, D., Hand, P. and Rosa, J. M., "Evaluating the Impact of R&D Tax Credits on Innovation: A Microeconometric Study on Canadian Firms", *Research Policy*, 2010 (2): 217–229.

Dasgupta, P. and Stiglitz, J., "Industrial Structure and the Nature of Innovative Activity", *The Economic Journal*, 1980, 90 (358): 266–293.

Datar, S., Jordan, C. C., Kekre, S., Rajiv, S. and Srinivasan, K., "Advantages of Time-Based New Product Development in a Fast-Cycle Industry", *Journal of Marketing Research*, 1997, 34 (1): 36–49.

Deng, P., Lu, H., Hong, J., Chen, Q. and Yang, Y., "Government R&D Subsidies, Intellectual Property Rights Protection and Innovation", *Chinese Management Studies*, 2019, 13 (2): 363–378.

Dimos, C. and Pugh, G., "The Effectiveness of R&D Subsidies: A Meta-Regression Analysis of the Evaluation Literature", *Research Policy*, 2016, 45 (4): 797–815.

Dumont, M., "Assessing the Policy Mix of Public Support to Business R&D", *Research Policy*, 2017, 46 (10): 1851–1862.

Edler, J. and Georghiou, L., "Public Procurement and Innovation: Resurrecting the Demand Side", *Research Policy*, 2007, 36 (7): 949–963.

Edurne, M. and Wilson, J. R., "Policy-mix Evaluation: Governance Challenges from New Place-Based Innovation Policies", *Research Policy*, 2019, 48: 1–10.

Elitzur, R. and Gavious, A., "Contracting, Signaling, and Moral Hazard: A Model of Entrepreneurs, 'Angels,' and Venture Capitalists", *Journal of Business Venturing*, 2003, 18 (6): 709–725.

Faems, D., Looy, B. V. and Debackere, K., "Interorganizational Collaboration and Innovation: Toward a Portfolio Approach", *Journal of Product Innovation Management*, 2010, 22 (3): 238–250.

Farrel, M. J., "The Measurement of Productive Efficiency", *Journal of Royal Statistical Society*, 1957, 120 (3): 253–281.

Fernández-Sastre, J. and Montalvo-Quizhpi, F., "The Effect of Developing Countries' Innovation Policies on Firms' Decisions to Invest in R&D", *Technological Forecasting and Social Change*, 2019, 143: 214 – 223.

Flangan, K., Uyarra, E. and Laranja, M., "Reconceptualising the 'Policy Mix' for Innovation", *Research Policy*, 2011 (40): 702 – 713.

Francesco, C. and Dario, G., "The Demand-Pull Effect of Public Procurement on Innovation and Industrial Renewal", *Industrial and Corporate Change*, 2019, 28 (4): 793 – 815.

Freitas, I. B., Castellacci, F., Fontana, R., Malerba, F. and Vezzulli, A., "Sectors and the Additionality Effects of R&D Tax Credits: A Cross-country Microeconometric Analysis", *Research Policy*, 2017, 46 (1): 57 – 72.

Fritsch, M. and Franke, G., "Innovation, Regional Knowledge Spillovers and R&D Cooperation", *Research Policy*, 2004, 33 (2): 245 – 255.

Gande, A., John, K., Senbet, L. W. and Yilmaz, B., "Taxes, Institutions and Innovation: Theory and International Evidence", *Journal of International Business Studies*, 2019, 51 (9): 1413 – 1442.

Ge, Z., Hu, Q. and Xia, Y., "Firms' R&D Cooperation Behavior in a Supply Chain", *Production and Operations Management*, 2014, 23 (4): 599 – 609.

Gemünden, H. G., Ritter, T., Heydebreck, P., "Network Configuration and Innovation Success: An Emprical Analysis in German Hightech Industries", *International Journal of Research in Marketing*, 1996, 13 (5): 449 – 462.

Georghiou, L., Edler, J., Uyarra, E. and Yeow, J., "Policy Instruments for Public Procurement of Innovation: Choice, Design and

Assessment", *Technological Forecasting and Social Change*, 2014, 86: 1 – 12.

Ghisetti, C., "Demand-Pull and Environmental Innovations: Estimating the Effects of Innovative Public Procurement", *Technological Forecasting & Social Change*, 2017, 125: 178 – 187.

Giusti, J. D., Alberti, F. G. and Belfanti, F., "Makers and Clusters. Knowledge Leaks in Open Innovation Networks", *Journal of Innovation & Knowledge*, 2020 (5): 20 – 28.

Gkypali, A., Filiou, D. and Tsekouras, K., "R&D Collaborations: Is Diversity Enhancing Innovation Performance?", *Technological Forecasting and Social Change*, 2017, 118: 143 – 152.

Gong, H. and Wang, X. Y., "Measure and Evaluation of Efficiency of Regional Technical Innovation Jiangsu Province", *Journal of China University of Mining & Technology*, 2004, 6: 26 – 32.

González, X. and Pazó, C., "Do Public Subsidies Stimulate Private R&D Spending?", *Research Policy*, 2008, 37 (3): 371 – 389.

Goolsbee, A., "Does Government R&D Policy Mainly Benefit Scientists and Engineers?", *American Economic Review*, 1998, 88 (2): 298 – 302.

Greenwald, B. C. and Stiglitz, J. E., "Externalities in Economies with Imperfect Information and Incomplete Markets", *The Quarterly Journal of Economics*, 1986, 101 (2): 229 – 264.

Griffith, R., Redding, S. and Renee, J., "Mapping Two Faces of R&D: Productivity Growth in a Panel of OECD Industries", *The Review of Economics and Statistics*, 2000, 86 (4): 883 – 895.

Griliches, Z., "R&D and the Productivity Slowdown", *American Economic Review*, 1980, 70 (2): 343 – 348.

Griliches, Z., "Issues in Assessing the Contribution of R&D to Productivity Growth", *Bell Journal of Economics*, 1979, 10 (1): 92 – 116.

Grilli, L. and Murtinu, S., "Selective Subsidies, Entrepreneurial Founders' Human Capital, and Access to R&D Alliances", *Research Policy*, 2018, 47 (10): 1945 – 1963.

Guan, J. C. and Pang, L., "Industry Specific Effects on Innovation Performance in China", *China Economic Review*, 2017, 44: 125 – 137.

Guerzoni, M. and Raiteri, E., "Demand-side vs. Supply-side Technology Policies: Hidden Treatment and New Empirical Evidence on the Policy Mix", *Research Policy*, 2015, 44 (3): 726 – 747.

Gulati, R. and Higgins, M. C., "Which Ties Matter When? The Contingent Effects of Interorganizational Partnerships on IPO Success", *Strategic Management Journal*, 2003, 24 (2): 127 – 144.

Guo, D., Guo, Y. and Jiang, K., "Government-subsidized R&D and Firm Innovation: Evidence from China", *Research Policy*, 2016, 45 (6): 1129 – 1144.

Gupta, A. K., Govindarajan, V. and Malhotra, A., "Feedback-seeking Behavior within Multinational Corporations", *Strategic Management Journal*, 1999, 20: 205 – 222.

Hægeland, T. and Møen, J., "The Relationship between the Norwegian R&D Tax Credit Scheme and Other Innovation Policy Instruments", *Statistics Norway Reports*, 2007.

Hall, B. H., "The Financing of Research and Development", *Oxford Review of Economic Policy*, 2002, 18 (1): 35 – 51.

Hansen, M. T. and Birkinshaw, J., "The Innovation Value Chain", *Harvard Business Review*, 2007 (6): 121 – 130.

Herrera, Marcos, Montmartin and Benjamin, "Internal and External Effects of R&D Subsidies and Fiscal Incentives: Empirical Evidence

Using Spatial Dynamic Panel Models", *Research Policy: A Journal Devoted to Research Policy, Research Management and Planning*, 2015, 44 (5): 1065–1079.

Hong, J., Feng, B., Wu, Y. and Wang, L. B., "Do Government Grants Promote Innovation Efficiency in China's High-Tech Industries?", *Technovation*, 2016, 57: 4–13.

Howell, A., Firm R&D, "Innovation and Easing Financial Constraints in China: Does Corporate Tax Reform Matter?", *Research Policy*, 2016, 45 (10): 1996–2007.

Howlett, M., How, Y. P. and del Rio, P., "The Parameters of Policy Portfolios: Verticality and Horizontality in Design Spaces and Their Consequences for Policy Mix Formulation", *Environment and Planning C: Government and Policy*, 2015, 33: 1233–1245.

Janney, J. J. and Folta, T. B., "Signaling through Private Equity Placements and Its Impact on the Valuation of Biotechnology Firms", *Journal of Business Venturing*, 2003, 18 (3): 361–380.

Jaspers, F. and Van den Ende, J., "Open Innovation and Systems Integration: How and Why Firms Know More than They Make", *International Journal of Technology Management*, 2010, 52 (3): 275–294.

Jefferson, G. H., Huamao, B., Guan, X. J. and Yu, X. Y., "R&D Performance in Chinese Industry", *Economics of Innovation and New Technology*, 2006, 15 (4–5): 345–366.

Jia, J. and Ma, G., "Do R&D Tax Incentives Work? Firm-Level Evidence from China", *China Economic Review*, 2017, 46: 50–66.

Kalcheva, I., McLemore, P. and Pant, S., "Innovation: The Interplay between Demand-Side Shock and Supply-Side Environment", *Research Policy*, 2018, 47 (2): 440–461.

Kang, K. N. and Park, H., "Influence of Government R&D Support and Inter-Firm Collaborations on Innovation on Korean Biotechnology SMEs", *Technovation*, 2012, 32 (1): 68 – 78.

Karhunen, H. and Huovari, J., "R&D Subsidies and Productivity in SMEs", *Small Business Economics*, 2015, 45 (4): 805 – 823.

Kern, F., Rogge, K. S. and Howlett, M., "Policy Mixes for Sustainability Transitions: New Approaches and Insights through Bridging Innovation and Policy Studies", *Research Policy*, 2019, 48 (10): 103832.

Kilduff, M. and Brass, D. J., "Organizational Social Network Research: Core Ideas and Key Debates", *Academy of Management Annals*, 2010, 4 (1): 317 – 357.

Kleer, R., "Government R&D Subsidies as a Signal for Private Investors", *Research Policy*, 2010, 39 (10): 1361 – 1374.

Kobayashi, Y., "Effect of R&D Tax Credits for SMEs in Japan: A Microeconometric Analysis Focused on Liquidity Constraints", *Small Business Economics*, 2014, 42 (2): 311 – 327.

Kolluru, S. and Mukhopadhaya, P., "Empirical Studies on Innovation Performance in the Manufacturing and Service Sectors Since 1995: A Systematic Review", *The economic Society of Australia*, 2017, 36 (2): 223 – 248.

Kotabe, M., Jiang, C. X. and Murray, J. Y., "Examining the Complementary Effect of Political Networking Capability with Absorptive Capacity on the Innovative Performance of Emerging-Market Firms", *Journal of Management*, 2017, 43 (4): 1131 – 1156.

Kumar, N. and Saqib, M., "Firm Size, Opportunities for Adaptation and In-House R&D Activity in Developing Countries: The Case of Indian Manufacturing", *Research Policy*, 1996, 25 (5): 713 – 722.

Leahy, D. and Neary, J. P., "Public Policy towards R&D in Oligopolistic Industries", *The American Economic Review*, 1997: 642 –

662.

Lee, M. H. and Hwang, I. J. , "Determinants of Corporate R&D Investment: An Empirical Study Comparing Korea's IT Industry with Its Non-IT Industry", *ETR I Journal*, 2003, 25 (4): 258 – 265.

Lee, M. and Om, K. , "A Conceptual Framework of Technological Innovation Management", *Technovation*, 1994, 14 (1): 7 – 16.

Lerner, J. , "When Bureaucrats Meet Entrepreneurs: The Design of Effective 'Public Venture Capital' Programmes", *The Economic Journal*, 2002, 112 (477): 73 – 84.

Li, L. , Chen, J. , Gao, H. and Xie, L. , "The Certification Effect of Government R&D Subsidies on Innovative Entrepreneurial Firms' Access to Bank Finance: Evidence from China", *Small Business Economics*, 2019, 52 (1): 241 – 259.

Link, A. N. and Scott, J. T. , "Private Investor Participation and Commercialization Rates for Government-Sponsored Research and Development: Would a Prediction Market Improve the Performance of the SBIR Programme?", *Economica*, 2009, 76 (302): 264 – 281.

Luo, S. and Sun, Y. , "Do Selective R&D Incentives from the Government Promote Substantive Innovation? Evidence from Shanghai Technological Enterprises", *Asian Journal of Technology Innovation*, 2020, 28 (10): 1 – 20.

Malerba, F. and Nelson, R. , "Learning and Catching up in Different Sectoral Systems: Evidence from Six Industries", *Industrial and Corporate Change*, 2011, 20 (6): 1645 – 1675.

Mansfield, E. , *Industrial Research and Technological Innovation: An Econometric Analysis*, New York: W. W. Norton & Company Inc. , 1968.

Marino, M. , Lhuillery, S. , Parrotta, P. and Sala, D. , "Additionality or Crowding-Out? An Overall Evaluation of Public R&D Subsidy on Private R&D Expenditure", *Research Policy*, 2016, 45 (9): 1715 – 1730.

Markose, S. M., "Novelty in Complex Adaptive Systems (CAS) Dynamics: A Computational Theory of Actor Innovation", *Physica A*, 2004 (344): 41 – 49.

Marta, C. and Benedetto, L., "What We Know about Research Policy Mix", *Science and Public Policy*, 2020, 47 (2): 235 – 245.

Miguel, M. and Wouter, D. M., "Do R&D Subsidies Affect SMEs' Access to External Financing?", *Research Policy*, 2008, 41 (3): 1 – 41.

Miller, F. A. and Lehoux, P., "The Innovation Impacts of Public Procurement Offices: The Case of Healthcare Procurement", *Research Policy*, 2020, 49 (7): 104075.

Montmartin, B., Herrera, M. and Massard, N., "The Impact of the French Policy Mix on Business R&D: How Geography Matters", *Research Policy*, 2018, 47 (10): 2010 – 2027.

Montmartin, B. and Herrera, M., "Internal and External Effects of R&D Subsidies and Fiscal Incentives: Empirical Evidence Using Spatial Dynamic Panel Models", *Research Policy*, 2015, 44 (5): 1065 – 1079.

Moretti, F. and Biancardi, D., "Inbound Open Innovation and Firm Performance", *Journal of Innovation & Knowledge*, 2020, 5 (1): 1 – 19.

Mowery, D. and Rosenberg, N., "The Influence of Market Demand Upon Innovation: A Critical Review of Some Recent Empirical Studies", *Research policy*, 1979, 8 (2): 102 – 153.

Mukherjee, A., Singh, M. and Žaldokas, A., "Do Corporate Taxes Hinder Innovation?", *Journal of Financial Economics*, 2017, 124: 195 – 221.

Nishimura, J. and Okamuro, H. , "Subsidy and Networking: The Effects of Direct and Indirect Support Programs of the Cluster Policy", *Research Policy*, 2011, 40 (5): 714 – 727.

Okamuro, H. , Kato, M. and Honjo, Y. , "Determinants of R&D Cooperation in Japanese Start-Ups", *Research Policy*, 2011, 40 (5): 728 – 738.

Olena, I. , Manu, J. and Ruchi, S. , "R&D Tax Credit and Innovation: Evidence from Private Firms in India", *Research Policy*, 2021, 50 (1): 104128.

Ozcelik, E. and Taymaz, E. , "R&D Support Programs in Developing Countries: The Turkish Experience", *Research Policy*, 2008, 37 (2): 258 – 275.

Pang, S. , Dou, S. and Li, H. , "Synergy Effect of Science and Technology Policies on Innovation: Evidence from China", *PLoS ONE*, 2020, 15 (10): e0240515.

Peteraf, M. A. , "The Cornerstones of Competitive Advantage: A Resource-Based View", *Strategic Management Journal*, 1993, 14 (3): 179 – 191.

Peters, M. , Schneider, M. , Griesshaber, T. and Hoffmann, V. H. , "The Impact of Technology-Push and Demand-Pull Policies on Technical Change-Does the Locus of Policies Matter?", *Research Policy*, 2012, 41 (8): 1296 – 1308.

Piga, C. A. and Vivarelli, M. , "Internal and External R&D: A Sample Selection Approach", *Oxford Bulletin of Economics and Statistics*, 2004, 66 (4): 457 – 482.

Porter, M. E. , *The Competitive Advantage of Nations*, Macmillan London and Basingstoke, 1990.

Poti Bianca, "Difference in Innovation Performance between Advanced and Backward Regions in Italy", *Convergence Project*, 2001 (3): 31-54.

Railsback, S. F., Lytinen, S. L. and Jackson, S. K., "Agent-based Simulation Platforms: Review and Development Recommendations", *Simulation Transactions of the Society for Modeling and Simulation International*, 2006, 9 (9): 609-623.

Reichardt, K. and Rogge, K. S., "Policy Mixes for Sustainability Transitions: An Extended Concept and Framework for Analysis", *Research Policy: A Journal Devoted to Research Policy, Research Management and Planning*, 2016, 45 (8): 1620-1635.

Rogge, K. S. and Reichardt, K., "Policy Mixes for Sustainability Transitions: An Extended Concept and Framework for Analysis", *Research Policy*, 2016, 45 (8): 1620-1635.

Romer, P. M., "Endogenous Technological Change", *Journal of Political Economy*, 1990, 98 (5): 71-102.

Roper, S. and Love, J., "Internal Versus External R&D: A Study of R&D Choice with Sample Selection", *International Journal of the Economics of Business*, 2002, 9 (2): 239-255.

Rothwell, R. and Zegveld, W., *Reindusdalisation and Technology*, London: Logman Group, 1985.

Rouven, E. H. and Herwartz, H., "Innovation Efficiency in European High-Tech Industries: Evidence from a Bayesian Stochastic Frontier Approach", *Research Policy*, 2020, 49 (8): 104054.

Saastamoinen, J., Reijonen, H. and Tammi, T., "Should SMEs Pursue Public Procurement to Improve Innovative Performance?", *Technovation*, 2018, 69: 2-14.

Schot, J. and Steinmueller, W. E., "Three Frames for Innovation Policy: R&D, Systems of Innovation and Transformative Change", *Research Policy*, 2018, 47 (9): 1554-1567.

Shu, C., Wang, Q., Gao, S. and Liu, C. J., "Firm Patenting, Innovations, and Government Institutional Support as a Double-Edged Sword", *Journal of Product Innovation Management*, 2015, 32 (2): 290–305.

Sirmon, D. G., Hitt, M. A. and Ireland, R. D., "Managing Firm Resources in Dynamic Environments to Create Value: Looking inside the Black Box", *Academy of Management Review*, 2007, 32 (1): 273–292.

Smits, R., "Innovation Studies in the 21st Century: Questions from a User's Perspective", *Technological Forecasting and Social Change*, 2002, 69 (9): 861–883.

Solow, R. M., "Technical and the Aggregate Production Function", *The Review of Economics and Statistics*, 1957, 39 (3): 312–320.

Spence, M., "Cost Reduction, Competition, and Industry Performance", *Econometrica*, 1984, 52 (1): 101–122.

Spence, M., "Signaling in Retrospect and the Informational Structure of Markets", *American Economic Review*, 2002, 92 (3): 434–459.

Spence, M., "Job Market Signaling", *Quarterly Journal of Economics*, 1973, 87: 355–374.

Stefano, G. D., Gambardella, A., Verona, G., "Technology Push and Demand Pull Perspectives in Innovation Studies: Current Findings and Future Research Directions", *Research Policy*, 2012, 41 (8): 1283–1295.

Stiglitz, J. E., "Leaders and Followers: Perspectives on the Nordic Model and the Economics of Innovation", *Journal of Public Economics*, 2014, 127 (7): 3–16.

Stiglitz, J. E., "The Contributions of the Economics of Information to Twentieth Century Economics", *Quarterly Journal of Economics*, 2000, 115 (4): 1441–1478.

Suarez, D., "Persistence of Innovation in Unstable Environments: Continuity and Change in the Firm's Innovative Behavior", *Research Policy*, 2014, 43 (4): 726–736.

Susana, B. and Charles, E., "The Choice of Innovation Policy Instruments", *Technological Forecasting and Social Change*, 2013, 80 (8): 1513–1522.

Takalo, T. and Tanayama, T., "Adverse Selection and Financing of Innovation: Is There a Need for R&D Subsidies?", *The Journal of Technology Transfer*, 2010, 35 (1): 16–41.

Teece, D. J., Pisano, G. and Shuen, A., "Dynamic Capabilities and Strategic Management", *Strategic Management Journal*, 1997, 18 (7): 509–533.

Tesfatsion, L., "Agent-based Computational Economics: Modeling Economies As Complex Adaptive Systems", *Artificial Life*, 2003, 149 (4): 262–268.

Tewksbury, J. G., Crandall, M. S. and Crane, W. E., "Measuring the Societal Benefits of Innovation", *Science*, 1980, 209 (4457): 658–662.

Tian, B. B., Yu, B. X., Chen, S. and Ye, J. J., "Tax Incentive, R&D Investment and Firm Innovation: Evidence from China", *Journal of Asian Economics*, 2020, 71 (1): 101245.

Torregrosa-Hetland, S., Pelkonen, A., Oksanen, J. and Kander, A., "The Prevalence of Publicly Stimulated Innovations-A Comparison of Finland and Sweden, 1970–2013", *Research Policy*, 2019, 48 (6): 1373–1384.

Triguero, A. and Corcoles, D., "Understanding Innovation: An

Analysis of Persistence for Spanish Manufacturing Firms", *Research Policy*, 2013, 42 (2): 340 – 352.

Tsai, K. H. and Wang, J. C., "R&D Productivity and the Spillover Effects of High-Tech Industry on the Traditional Manufacturing Sector: The Case of Taiwan", *World Economy*, 2004, 27 (10): 1555 – 1570.

Uyarra, E. and Flanagan, K., "Understanding the Innovation Impacts of Public Procurement", *European Planning Studies*, 2010, 18 (1): 123 – 143.

Uyarra, E., Zabalaiturriagagoitia, J. M., Flanagan, K. and Magro, E., "Public Procurement, Innovation and Industrial Policy: Rationales, Roles, Capabilities and Implementation", *Research Policy*, 2020, 49 (1): 103844.

Vedueg, E., *Pulic and Program Evaluation*, New Bruswick: Transaction Publishers, 1997.

Víctor, G. V., Rosa, H. and Tejeda, A. S., "Policy Mix to Foster Innovation in the Dominican Republic: Attempts from an Empirical Perspective", *Technology Analysis and Strategic Management*, 2020, 32 (9): 1035 – 1048.

Von Hippel, E., "Lead Users: A Source of Novel Product Concepts", *Management Science*, 1986, 32 (7): 791 – 805.

Vossen, R. W., "Relative Strengths and Weaknesses of Small Firms in Innovation", *International Small Business Journal*, 1998, 16 (3): 88 – 94.

Vrande, V., Jong, J., Vanhaverbeke, W. and Rochemont, M. D., "Open Innovation in SMEs: Trends, Motives and Management Challenges", *Technovation*, 2009, 29 (6 – 7): 423 – 437.

Wallsten, S. J., "The Effects of Government-Industry R&D Programs on Private R&D: The Case of the Small Business Innovation Research Program", *The RAND Journal of Economics*, 2000, 31 (1): 82 – 100.

Wang, C. and Kafouros, M. I., "What Factors Determine Innovation Performance in Emerging Economies? Evidence from China", *International Business Review*, 2009, 18 (6): 606 – 616.

Wang, X., Jiang, Z. and Zheng, Y., "Effect of Innovation Policy Mix on Innovation Efficiency: Evidence from Chinese Wind Power Industry Chain", *Science and Public Policy*, 2020, 47 (1): 31 – 46.

Wang, Y., Hu, H. and Yang, X., "The Government R&D Subsidies and China's Regional Innovation Output: Based on the Bayesian Model Averaging (BMA) Method", *Chinese Management Studies*, 2019, 13 (2): 363 – 378.

Wang, Y., Li, J. and Furman, J. L., "Firm Performance and State Innovation Funding: Evidence from China's Innofund Program", *Research Policy*, 2017, 46 (6): 1142 – 1161.

Wanzenböck, I., Scherngell, T. and Fischer, M. M., "How do Firm Characteristics Affect Behavioural Additionalities of Public R&D Subsidies? Evidence for the Austrian Transport Sector", *Technovation*, 2013, 33 (2 – 3): 66 – 77.

Wernerfelt, B., "A Resource-Based View of the Firm", *Strategic Management Journal*, 1984, (5): 171 – 180.

Williams, R. and Smellie, R., "Public Purchasing: An Administrative Cinderella", *Public Administration*, 1985, 63 (1): 23 – 39.

Wolff, M. F., "Federal Innovation Policy Can Help and Hurt Economy, Economists Say", *Research Technology Management*, 2002, 45 (4): 2 – 3.

Xu, E. and Zhang, H., "The Impact of State Shares on Corporate Innovation Strategy and Performance in China", *Asia Pacific Journal of Management*, 2008, 25 (25): 473 – 487.

Zhang, Y. and Wiersema, M. F., "Stock Market Reaction to CEO Certification: The Signaling Role of CEO Background", *Strategic Management Journal*, 2009, 30 (7): 693–710.

Zhu, H., Zhao, S. and Abbas, A., "Relationship between R&D Grants, R&D Investment, and Innovation Performance: The Moderating Effect of Absorptive Capacity", *Journal of Public Affairs*, 2020, 20 (1): e1973.

后　记

　　幻想过无数次写本书后记的情景,当这一天终于到来,不禁思绪万千,心中五味杂陈。本书为读博期间的主要成果,四年博士生活,在无数次的坚持努力却又自我怀疑、自我否定,然后继续前行中艰难探索,一路走来,跌跌撞撞,有太多艰辛。

　　首先感谢我的博士生导师庞守林教授。感谢当初考博时庞老师对素不相识、全然不了解的我的肯定与支持,将我收入门下。读博期间,庞老师定期进行学术探讨,为我指明方向。从小论文的修改、发表,到博士论文开题和最终完成,感谢庞老师在学业中对我的所有指导与帮助!依然记得修改论文期间,导师每天早上四点起床一字一句完善文章,论文中老师修改的痕迹我将永远记得,满怀感恩!感谢庞老师提供机会带我们去往重庆、河南等地调研、学习,收益良多!导师严谨的科研态度、低调而温暖的生活态度将使我受益终生!感恩博士期间遇见庞老师!

　　感谢博士期间副导师姚潇老师在博士最艰难的时刻给予我诸多认可与帮助!感谢中央财经大学商学院刘小元老师、于晓东老师、周利国老师、刘晓红老师等提出的宝贵意见以及帮助。感谢所有教授过我课程的老师!

　　感谢我的硕士生导师李华教授。感谢李老师指引我走上科研之路,感恩李老师在我读博后依然给予我更多的关心与帮助,在我前行路上无数次的开导与激励,并毫无保留地提供帮助,所有的帮助与态度使我受益终生!

感谢博士期间的伙伴、同门。刘培、李玉瑶为我的博士生活带来很多欢乐,与刘培博士舍友三年,博士期间一路陪伴、相互鼓励,使我的博士生活不那么孤单!感恩每次出差、参加学术会议均有李欢师妹陪同,带给我很多欢乐,并为我跑各种手续,感谢有你!感谢刘佳师姐、彭佳师姐、同门盛硕等对我的关心与帮助!

感谢好友孙伟博士在我考博期间的所有指导与帮助,在博士期间的支持与鼓励!

感谢我的家人!感谢父母的养育之恩,一路求学到博士,已然而立之年,心中最愧对的就是父母。他们含辛茹苦、负重前行,付出了比别人更多的努力,才让我和姐姐可以毫无顾虑地随心读书。他们为我付出了一切能够付出的,每每回想,总会眼角湿润,自知此生难以回报父母之恩,唯愿今后尽我所能,略略回报!感谢十余年来武晓龙先生的相知、相守,从陌生到成为最亲密的人,需要太多的包容与理解,博士期间的相互支持以及怀孕生子让这份爱更加厚重,不善表达却能深感你厚重的爱,感谢遇见、感恩珍惜!感谢博士期间儿子的到来,让我的人生多了一个角色,让我有机会品尝生活更多的酸甜苦辣,带给我更多的快乐,并为我带来所有的好运气,愿你健康、快乐地成长!感谢公婆的支持与理解,公公的所有关心都能让我更有动力去开阔视野,婆婆的每每交谈总能给我太多正能量,你们的开明使我们能够勇敢前行,你们的付出让我们没有后顾之忧,愿你们健康、快乐!感谢姐姐的支持与付出,感谢外甥黄毅轩带给我的诸多快乐,感谢所有的家人!

愿所学能有所用,回报国家,回报社会,回报所有关心与帮助过我的人!